SHORT ST⊙RIES in FRENCH

for Intermediate Learners

Read for pleasure at your level
and learn French the fun way!

OLLY RICHARDS

Series Editor
Rebecca Moeller

Development Editor
Bruno Paul

First published in Great Britain in 2021 by John Murray Learning,
an imprint of John Murray Press, a division of Hodder & Stoughton Ltd.
An Hachette UK company.

Translated by Karine Harrington.

The *Teach Yourself* name is a registered trademark of Hachette UK.

A CIP catalogue record for this title is available from the British Library.

Paperback ISBN: 978 1 529 36150 6
eBook ISBN: 978 1 529 36151 3

9

Cover image © Paul Thurlby
Illustrations by D'Avila Illustration Agency / Stephen Johnson
Typeset by Integra Software Services Pvt. Ltd., Pondicherry, India
Printed and bound in Great Britain by Clays Ltd, Elcograf S.p.A.

John Murray Learning policy is to use papers that are natural, renewable and recyclable
products and made from wood grown in sustainable forests. The logging and manufacturing
processes are expected to conform to the environmental regulations of the country of origin.

Carmelite House
50 Victoria Embankment
London EC4Y 0DZ

www.johnmurraypress.co.uk

Contents

About the Author

Olly Richards, author of the *Teach Yourself Foreign Language Graded Readers* series, speaks eight languages and is the man behind the popular story-based language learning blog *StoryLearning.com* and YouTube channel of the same name.

Olly started learning his first foreign language at age 19 when he bought a one-way ticket to Paris. With no exposure to languages growing up, and no special talent to speak of, Olly had to figure out how to learn a foreign language from scratch.

Fifteen years later, Olly holds a master's in TESOL from Aston University as well as Cambridge CELTA and Delta. He has also now studied several languages and become an expert in language learning techniques. He collaborates with organizations such as the Open University and the European Commission, and is a regular speaker at international language events and in-person workshops.

Olly started the *StoryLearning* blog in 2013 to document his latest language learning experiments. His focus on learning languages through story has transformed the blog into one of the most popular language learning resources on the web. Olly has always advocated that reading is one of the best ways to improve your language skills and he has now applied his expertise to create the *Teach Yourself Foreign Language Graded Readers* series. He hopes that *Short Stories in French for Intermediate Learners* will help you in your language studies!

For more information about Olly and his blog, go to storylearning.com.

For more information about other readers in this series, go to readers.teachyourself.com.

Introduction

Reading in a foreign language is one of the most effective ways for you to improve language skills and expand vocabulary. However, it can sometimes be difficult to find engaging reading materials at an appropriate level that will provide a feeling of achievement and a sense of progress. Most books and articles written for native speakers are too difficult for language learners to understand. They often have very high-level vocabulary and may be so lengthy that you feel overwhelmed and give up. If these problems sound familiar, then this book is for you!

Short Stories in French for Intermediate Learners is a collection of eight unconventional and entertaining short stories that are especially designed to help intermediate-level French learners* improve their language skills. These short stories offer something of interest for everyone and have been designed to create a supportive reading environment by including:

➤ **Rich linguistic content in different genres** to keep you entertained and expose you to a variety of word forms.

* Common European Framework of Reference (CEFR) levels B1–B2.

- ➤ **Interesting illustrations** to introduce the story content and help you better understand what happens.
- ➤ **Shorter stories broken into chapters** to give you the satisfaction of finishing the stories and progressing quickly.
- ➤ **Texts written especially at your level** so they are more easily comprehended and not overwhelming.
- ➤ **Special learning aids** to help support your understanding including:
  - ✦ *Summaries* to give you regular overviews of plot progression.
  - ✦ *Vocabulary lists* to help you understand unfamiliar words more easily.
  - ✦ *Comprehension questions* to test your understanding of key events and to encourage you to read in more detail.

So whether you want to expand your vocabulary, improve your comprehension, or simply read for fun, this book is the biggest step forward you will take in your studies this year. *Short Stories in French for Intermediate Learners* will give you all the support you need, so sit back, relax and let your imagination run wild as you are transported to a magical world of adventure, mystery and intrigue – in French!

How to Read Effectively

Reading is a complex skill. In our first languages, we employ a variety of micro-skills to help us read. For example, we might skim a particular passage in order to understand the general idea, or gist. Or we might scan through multiple pages of a train timetable looking for a particular time or place. While these micro-skills are second nature when reading in our first languages, when it comes to reading in a foreign language, research suggests that we often abandon most of these reading skills. In a foreign language, we usually start at the beginning of a text and try to understand every single word. Inevitably, we come across unknown or difficult words and quickly get frustrated with our lack of understanding.

One of the main benefits of reading in a foreign language is that you gain exposure to large amounts of words and expressions used naturally. This kind of reading for pleasure in order to learn a language is generally known as 'extensive reading'. It is very different from reading a textbook in which dialogues or texts are meant to be read in detail with the aim of understanding every word. That kind of reading to reach specific learning aims or do tasks is referred to as 'intensive reading'. To put it another way, the intensive reading in textbooks usually helps you with grammar rules and specific vocabulary, whereas reading stories extensively helps show you natural language in use.

While you may have started your language learning journey using only textbooks, *Short Stories in French for Intermediate Learners* will now provide you with opportunities to learn more about natural French language in use. Here are a few suggestions to keep in mind when reading the stories in this book in order to learn the most from them:

➤ **Enjoyment and a sense of achievement when reading is vitally important.** Enjoying what you read keeps you coming back for more. The best way to enjoy reading stories and feel a sense of achievement is by reading each story from beginning to end. Consequently, reaching the end of a story is the most important thing. It is actually more important than understanding every word in it!

➤ **The more you read, the more you learn.** By reading longer texts for enjoyment, you will quickly build up an understanding of how French works. But remember: in order to take full advantage of the benefits of extensive reading, you have to actually read a large enough volume in the first place. Reading a couple of pages here and there may teach you a few new words, but it won't be enough to make a real impact on the overall level of your French.

➤ **You must accept that you won't understand everything you read in a story.** This is probably the most important point of all! Always remember that it is completely normal that you do not understand all the words or sentences. It doesn't mean that your language level is flawed or that you are not doing well. It means that you're engaged in the process of learning. So, what should you do when you don't understand a word? Here are a few steps:

1. Look at the word and see if it is familiar in any way. Remember to look for vocabulary elements from your first language that may be familiar. Take a guess – you might surprise yourself!

2. Re-read the sentence that contains the unknown word several times. Use the context of that sentence, and the rest of the story, to try to guess what the unknown word might mean.

3. Think about whether or not the word might be a different form of a word you know. For example, you might encounter a verb that you know, but it has been conjugated in a different or unfamiliar way:

> *aller* – to go
> *je vais* – I am going
> *on allait* – we were going/we used to go

You may not be familiar with the particular form used, but ask yourself: *Can I still understand the gist of what's going on?* Usually, if you have managed to recognize the main verb, that is enough. Instead of getting frustrated, simply notice how the verb is being used, and carry on reading. Recognizing different forms of words will come intuitively over time.

4. Make a note of the unknown word in a notebook and check the meaning later. You can review these words over time to make them part of your active vocabulary. If you simply must know the meaning of a bolded word, you can look it up in the vocabulary list at the end of the chapter, in the glossary at the back of this book or use a dictionary. However, this should be your last resort.

These suggestions are designed to train you to handle reading in French independently and without help. The more you can develop this skill, the better you'll be able to read. Remember: learning to be comfortable with the ambiguity you may encounter while reading a foreign language is the most powerful skill that will help you become an independent and resilient learner of French!

The Six-Step Reading Process

In order to get the most from reading *Short Stories in French for Intermediate Learners,* it will be best for you to follow this simple six-step reading process for each chapter of the stories:

① Look at the illustration and read the chapter title. Think about what the story might be about. Then read the chapter all the way through. Your aim is simply to reach the end of the chapter. Therefore, *do not stop to look up words and do not worry if there are things you do not understand.* Simply try to follow the plot.

② When you reach the end of the chapter, read the short summary of the plot to see if you have understood what has happened. If you find this difficult, do not worry. You will improve with each chapter.

③ Go back and read the *same* chapter again. If you like, you can focus more on story details than before, but otherwise simply read it through one more time.

④ When you reach the end of the chapter for the second time, read the summary again and review the vocabulary list. If you are unsure about the meanings of any words in the vocabulary list, scan through the text to find them in the story and examine them in context. This will help you better understand the words.

⑤ Next, work through the comprehension questions to check your understanding of key events in the story. If you do not get them all correct, do not worry: simply answering the questions will help you better understand the story.

⑥ At this point, you should have some understanding of the main events of the chapter. If not, you may wish to re-read the chapter a few times using the vocabulary list to check unknown words and phrases until you feel confident. Once you are ready and confident that you understand what has happened – whether it's after one reading of the chapter or several – move on to the next chapter and continue enjoying the story at your own pace, just as you would any other book.

Only once you have completed a story in its entirety should you consider going back and studying the story language in more depth if you wish. Or, instead of worrying about understanding everything, take time to focus on all that you *have* understood and congratulate yourself for all that you have done so far. Remember: the biggest benefits you will derive from this book will come from reading story after story through from beginning to end. If you can do that, you will be on your way to reading effectively in French!

Un rêve de feu

Chapitre 1 – Les rêves peuvent-ils devenir réalité ?

Christelle avait envie de **donner un coup de pied sous la table** à son petit ami. À cause de lui, tout le monde avait les yeux fixés sur elle. Elle a **regardé** Thomas **d'un mauvais œil**. Lui, il lui souriait. Sarah, la meilleure amie de Christelle, la regardait, le sourire au coin des lèvres. Hugo, le petit ami de Sarah et le meilleur ami de Thomas, avait l'air choqué et curieux d'en savoir plus. Autour de la table se trouvaient également Éric and Lise qui étaient amis avec tout le monde. Eux aussi avaient l'air intrigués.

Pourquoi Thomas pense-t-il qu'il peut raconter mes rêves à tout le monde ? pensait Christelle. Finalement, elle s'est tournée vers ses amis :

— Oui, c'est vrai, a-t-elle dit en jetant de nouveau un mauvais œil à Thomas et elle a commencé à s'expliquer. Quelquefois, je rêve de choses sans grande importance et le lendemain ces rêves se réalisent. Ça se passe toujours environ six heures après m'être réveillée. En fait, ça m'arrive depuis toujours. Mais mes rêves qui se réalisent sont toujours des rêves sans importance, jamais rien de vital.

— Ah bon ? Comme quoi, par exemple ? a demandé Éric.

— Eh bien... Quand j'avais dix ans, j'ai rêvé que quelqu'un faisait tomber une cuillère qui était sur une table et le choc de la cuillère sur le sol a fait beaucoup de bruit. Le lendemain, mon père faisait un discours à une fête quand quelqu'un a fait tomber une cuillère par terre. Ça a fait beaucoup de bruit et tout le monde a **sursauté**. Mon rêve s'est réalisé.

Le groupe d'amis s'est mis à rire. Ils étaient tous vraiment surpris. Hugo a regardé Christelle et il lui a dit en souriant :

— Mais ça ressemble plus à une coïncidence qu'à autre chose.

— C'est ce que j'ai pensé au début, a très vite interrompu Thomas, mais Christelle m'a raconté ses autres rêves et j'ai commencé à y croire. Puis j'ai essayé de vérifier ce qu'elle disait et j'ai pu constater que c'était vrai.

— Comment as-tu fait pour vérifier ? a demandé Hugo.

— Il y a quelques mois de ça, j'ai attendu qu'elle se réveille et je lui ai demandé de me raconter le rêve qu'elle avait fait : quelqu'un a **éternué** dix-sept fois et tout le monde a rigolé. Puis, j'ai attendu six heures, et, pendant que nous étions en train de déjeuner, une femme assise à l'autre bout du restaurant a commencé à éternuer. Si elle n'avait éternué qu'une ou deux fois, je ne pense pas que les gens l'auraient remarqué. Mais la femme ne pouvait plus s'arrêter, alors j'ai commencé à compter. Elle a éternué dix-sept fois exactement. Quand elle a fini, tout le restaurant s'est mis à rire. C'était vraiment très drôle !

— La pauvre femme était tellement embarrassée qu'elle s'est levée et a quitté le restaurant, a dit Christelle, en tapant Thomas sur l'épaule.

— Mais, arrête... **Il faut bien admettre** que c'est incroyable ! J'aime bien raconter cette histoire, a dit Thomas.

— Ce n'est pas quelque chose qu'on dit pour **amuser la galerie**, Thomas. Tu sais bien que je n'aime pas en parler. Quand tu le racontes, on pense que je suis **bizarre**.

— Ça n'a rien de bizarre pour moi ! a dit Lise. Je pense que c'est plutôt cool, même.

— Ouais, moi aussi, a dit Éric.

— Moi aussi, a dit Sarah d'une voix timide en souriant à Christelle. J'ai toujours voulu avoir un **don** comme le tien !

— Mais est-ce que tes rêves se réalisent toujours ? a demandé Lise.

— Oh non, pas du tout, a répondu Christelle. Quand je fais des rêves effrayants ou quand je rêve de quelque chose d'important, comme gagner au loto ou quelque chose comme ça, et bien ces rêves-là ne se réalisent jamais. Les seuls qui deviennent réalité sont les rêves qui n'ont aucune importance. Ça m'énerve, à vrai dire.

Il y a eu une longue pause. Tout le monde réfléchissait à ce que Christelle venait de dire. Puis, Hugo a rompu le silence.

— Mais ne pourrais-tu pas te servir de ce don pour **prédire** l'avenir ?

Christelle a fait non de la tête :

— Ça ne marche pas comme ça. La seule façon que j'ai de savoir si un rêve va devenir réalité, c'est justement quand il se réalise.

— Mais comment sais-tu que tes rêves se réalisent six heures plus tard ? a demandé Hugo.

— Quand j'avais dix ans, j'ai commencé à tenir un journal. J'écrivais les détails de mes rêves, s'ils se réalisaient ou pas. Je **me suis** vite **rendu compte** qu'ils se réalisaient à peu près tous au même moment. En faisant les calculs, je me suis rendu compte que c'était toujours six heures plus tard... 6 heures, 17 minutes et 29 secondes, pour être précise.

— Oh, s'est exclamé Thomas, tu ne me l'avais jamais dit... Tu sais exactement combien de temps ça prend pour que tes rêves se réalisent !

— Quand j'avais dix ans, je pensais le savoir mais ça fait longtemps et ce n'était pas une expérience scientifique !

Tout le monde s'est de nouveau mis à rire. Hugo souriait à Christelle.

— Donc, il n'y a pas moyen de prédire l'avenir ? a-t-il demandé.

— Non, je ne crois pas. Parfois, il se passe un truc qui me rappelle mon rêve et c'est comme ça que je sais qu'il est sur le point de se réaliser. La plupart du temps, j'ai comme **un pressentiment**, alors, je m'assois, j'attends et cinq minutes plus tard, mon rêve se réalise. Une fois, j'ai eu un pressentiment une heure avant, mais ça m'est arrivé une fois seulement. Comme je vous le dis, c'est un peu embêtant. Je ne contrôle rien.

Il y a eu un autre moment de silence et Christelle a souri en voyant l'expression sur le visage de ses amis. Elle savait que désormais ils allaient tous l'observer pour voir si ses rêves allaient se réaliser. Thomas voulait bien faire en parlant du don de Christelle mais il ne comprenait pas ce qu'elle ressentait. Christelle se sentait **mal à l'aise** de savoir qu'on la regardait différemment à cause de ça. C'était bizarre.

La soirée s'est terminée peu après et tout le monde est parti. Normalement, Thomas serait resté plus longtemps pour bavarder mais pas ce soir-là. Il devait aller travailler de bonne heure le lendemain matin à l'autre bout de la ville. Thomas était électricien et il venait de commencer un nouveau **chantier** en banlieue.

Christelle était très fière de lui et très satisfaite de leur couple. Ça faisait un peu plus d'un an qu'ils étaient ensemble et elle était très amoureuse de Thomas. Elle était sûre que lui aussi l'aimait. Ce soir-là, alors qu'elle s'apprêtait à aller se coucher, elle se disait que ce serait merveilleux si Thomas devenait son mari. En s'endormant, elle voyait déjà le moment où Thomas la **demanderait en mariage**.

Révision du chapitre 1

Résumé

Christelle et son petit ami Thomas sont en train de dîner avec des amis. Thomas leur raconte que les rêves de Christelle se réalisent parfois. Comme leurs amis lui posent des questions, Christelle leur explique qu'en fait, ses rêves importants ne se réalisent jamais. Elle leur explique que les seuls qui deviennent réalité sont des rêves sans importance, comme quand elle a rêvé d'une cuillère qui tombait ou d'une personne qui éternuait. Leurs amis posent beaucoup de questions et Christelle commence à se sentir mal à l'aise. La soirée se termine et Thomas rentre chez lui. Thomas est électricien et il doit se lever de bonne heure le lendemain matin. Christelle s'endort et rêve que Thomas la demande en mariage.

Vocabulaire

donner un coup de pied sous la table to kick under the table
regarder d'un mauvais œil to give a dirty look
sursauter to be startled
éternuer to sneeze
il faut bien admettre you have to admit
amuser la galerie to entertain people
bizarre weird
le don a gift, a special ability to do something
prédire to predict
se rendre compte to realise
le pressentiment premonition
mal à l'aise uneasy
le chantier building site
demander en mariage to propose (marriage), to ask someone to marry you

Compréhension

Sélectionnez une seule réponse pour chaque question.

1) Thomas est _____.
   a. le frère de Christelle
   b. le petit ami de Christelle
   c. le père de Christelle
   d. le meilleur ami de Christelle

2) Christelle ne parle pas souvent de son don inhabituel car _____.
   a. ses rêves ne concernent qu'elle
   b. ses rêves ne se réalisent jamais
   c. seuls ses rêves sans importance se réalisent
   d. elle aime avoir des secrets

3) Christelle parle de ses rêves _____.
   a. seulement avec Thomas
   b. seulement avec ses amis
   c. avec tout le monde
   d. avec son père

4) Christelle avait _____ ans quand elle a commencé à tenir un journal de ses rêves.
   a. 10
   b. 6
   c. 17
   d. 7

5) Les rêves de Christelle se réalisent _____ après son réveil.

    a. exactement 16 minutes

    b. environ 6 jours

    c. environ 6 heures

    d. exactement 16 heures

Chapitre 2 – Un mauvais pressentiment

Le lendemain matin, Christelle s'est réveillée **en sueur**, un bruit étrange dans la tête. Elle n'avait jamais fait un aussi mauvais rêve. Thomas était au milieu d'un **incendie** sur son chantier et il ne pouvait pas **s'échapper**. Il était enfermé avec deux autres personnes dans une espèce de **placard**. La fumée et la chaleur de l'incendie étaient terribles. Puis, il y a eu un bruit métallique très fort. Quelque chose de très lourd venait de **s'effondrer** sur eux.

Christelle **haletait**. Son cœur **battait à cent à l'heure**. Elle a regardé son réveil : il était 7 h 05. Thomas était sans doute déjà sur le chantier mais elle voulait quand même l'appeler. Thomas a répondu aussitôt.

— Allô !

— Salut, c'est moi. Je voulais entendre le son de ta voix. Tout va bien ?

— Oui, ça va, mon cœur. Je suis en train de me préparer pour la journée. C'est un bon boulot pour moi. Je vais bientôt avoir besoin d'un peu plus d'argent, si tu vois ce que je veux dire…

Le cœur de Christelle battait fort. *Est-ce qu'il sous-entendait qu'il avait besoin d'argent pour acheter une* ***alliance*** *?*

— Je t'aime Thomas, dit-elle en souriant.

— Moi aussi je t'aime, Christelle. À ce soir après le boulot. D'accord ?

— Oui, **sois prudent** aujourd'hui.

— Comme toujours, a répondu Thomas avant de **raccrocher**.

En raccrochant le téléphone, Christelle essayait de ne plus penser au rêve qu'elle avait fait. Ce n'était pas la première fois qu'elle faisait un **cauchemar** et elle savait que ces rêves-là ne se réalisaient jamais.

Elle s'est levée et a commencé à se préparer. Une heure plus tard, elle était en route pour son travail mais son rêve continuait de l'obséder. Christelle était infirmière et le nouveau chantier de Thomas se trouvait loin de son **cabinet médical**, à l'autre bout de la ville. À cause des **embouteillages**, elle a mis plus d'une heure pour arriver au travail alors elle ne pouvait pas aller voir si Thomas allait bien. Elle essayait de ne plus penser à son cauchemar, mais **elle ne pouvait pas s'empêcher** d'être inquiète.

C'était la saison de **la grippe**, alors quand elle est arrivée au cabinet, il y avait déjà beaucoup de monde, un va-et-vient d'enfants fiévreux. Du coup, Christelle n'avait le temps de penser ni à son rêve, ni à toute autre chose. Elle était bien contente de prendre sa pause-déjeuner à midi, d'avoir ce petit moment de paix. Il y avait d'autres infirmières avec elle dans la salle de repos. Elles appréciaient toutes ce court instant de silence. Tout à coup, une des infirmières a fait tomber la cuillère qu'elle avait utilisée pour manger sa soupe. En touchant la table, la cuillère a fait un bruit métallique très fort. Ce bruit a réveillé quelque chose dans la mémoire de Christelle. Elle n'avait jamais ressenti un truc pareil. Elle s'était réveillée ce matin-là avec le même bruit dans la tête, exactement le même bruit que dans ce rêve horrible, le rêve où Thomas était pris dans un incendie et quelque chose s'était effondré sur lui.

Christelle a regardé l'heure. Il était 12 h 07. Elle s'est souvenue de l'heure où elle s'était réveillée : 7 h 05. Ses cauchemars ne se réalisaient jamais mais elle ne pouvait pas ignorer le sentiment si profond qu'elle ressentait à cet instant-là. *Et si c'était le jour où un cauchemar était sur le point de se réaliser ? Et si cela expliquait pourquoi j'avais fait tant de rêves toute ma vie ? Pour m'amener à ce dernier rêve ?*

Il était désormais 12 h 08. Après un rapide calcul mental, Christelle s'est rendu compte qu'elle avait une heure et quatorze minutes pour **agir**. Elle s'est levée d'un bond, a pris son sac et est sortie de la salle en courant.

— Christelle ? Ça va pas ? a demandé une de ses collègues. Christelle l'a ignorée et **s'est précipitée** vers sa voiture.

Dans sa voiture, elle a composé le numéro de Thomas, tout en démarrant. Thomas n'a pas répondu et Christelle est tombée sur **sa boîte vocale**.

— Thomas, c'est moi. Rappelle-moi dès que tu entendras mon message, je t'en supplie.

Christelle a raccroché. Elle était désormais sur l'autoroute. Comme c'était l'heure du déjeuner, il y avait un peu de circulation mais pas autant qu'à **l'heure de pointe** en fin de journée. Il allait falloir tout de même une bonne heure à Christelle pour arriver au chantier de Thomas. L'horloge de la voiture indiquait 12 h 16. Christelle a pris son téléphone et a appelé Hugo, l'ami de Thomas. Hugo a répondu au bout de trois sonneries.

— Salut Hugo, c'est Christelle.

— Salut, Christelle ! Qu'est-ce qui se passe ?

— Est-ce que tu as parlé avec Thomas ce matin ?

— Non. La dernière fois que je lui ai parlé, c'était hier soir. Pourquoi ? Qu'est-ce qu'il y a ?

— Rien de grave, j'espère ! C'est juste qu'il ne répond pas à son téléphone quand je l'appelle.

— À ta place, je ne m'inquièterais pas. Le bâtiment où il travaille en ce moment a des murs en **béton** très épais. Il ne peut sans doute recevoir aucun appel.

— Tu as sûrement raison mais tiens-moi au courant si jamais tu lui parles.

— Bien sûr, mais tu es sûre que tout va bien, Christelle ? À t'entendre, on dirait que quelque chose ne va pas.

Christelle ne savait pas si elle devait lui parler de son cauchemar. Après une longue pause, elle s'est décidée à lui dire la vérité.

— J'ai fait un rêve la nuit dernière. Thomas était **pris au piège** dans un incendie dans le bâtiment où il travaille en ce moment. Je sais bien que j'ai dit hier que mes cauchemars ne se réalisaient jamais, mais je suis vraiment inquiète. Et maintenant je n'arrive pas à joindre Thomas. Je commence à paniquer.

— Oh ! Je comprends pourquoi... ok... euh...

— Euh ? C'est tout ce que tu trouves à dire ? Hugo, tu habites près du chantier de Thomas, pas vrai ?

— Oui. D'accord. J'y vais. Je vais voir si je peux le trouver.

— Merci, Hugo. J'espère vraiment que ce n'est rien du tout.

— Oui, moi aussi. Ne t'inquiète pas, tout ira bien, Christelle.

Christelle a raccroché et a regardé l'heure. Il était 12 h 22.

Comme il n'y avait pas trop de circulation, Christelle a bien avancé pendant une demi-heure. Mais, à sept kilomètres environ du chantier, elle s'est retrouvée **coincée** dans un embouteillage. Elle a essayé d'appeler Thomas mais toujours rien. Elle a envoyé un message à Hugo. Aucune réponse. Elle a regardé l'heure. Il était 12 h 54. Il ne lui restait plus que vingt-huit minutes.

Droit devant elle, à la sortie de la **rocade**, la voie était libre. Cependant, elle ne savait pas si elle arriverait plus vite en prenant les petites routes. Elle **s'y est risquée** et s'est dirigée vers la sortie. Au feu rouge, elle a entré l'adresse du chantier dans le GPS de sa voiture. Son nouvel itinéraire est apparu sur l'écran : elle devait prendre les petites routes. Quand le feu est passé au vert, Christelle a roulé aussi vite que possible. À un moment, elle a dû s'arrêter à cause de travaux mais elle est finalement arrivée à destination, au chantier de Thomas.

Elle a regardé l'heure. Il était 13 h 12. Il lui restait dix minutes. Elle s'est précipitée vers l'entrée du bâtiment. À peine entrée, elle a senti une odeur de fumée. **Son cœur s'est serré** et elle a commencé à paniquer. C'était donc vrai. Il y avait un incendie. Son rêve allait se réaliser.

Révision du chapitre 2

Résumé

Christelle a fait un cauchemar. Dans son rêve son petit ami Thomas est pris au piège dans un incendie. Elle va travailler en essayant de ne pas trop y penser. Sur son lieu de travail, un bruit lui rappelle son cauchemar. Elle se rend compte qu'elle a un peu plus d'une heure pour agir ou son rêve risque de devenir réalité. Elle appelle Thomas sur son portable mais il ne répond pas. Elle décide de prendre sa voiture pour aller voir si Thomas va bien. En route, Christelle appelle Hugo et lui demande d'aller voir si Thomas est en danger. Elle traverse la ville mais elle n'a pas beaucoup de temps et la circulation la ralentit. Quand elle arrive, elle sent une odeur de fumée et elle sait que son rêve va se réaliser d'un moment à l'autre.

Vocabulaire

en sueur in a sweat
un incendie fire
s'échapper to escape
le placard cupboard
s'effondrer collapse
haleter to pant
battre à cent à l'heure to beat fast
une alliance wedding ring
être prudent to be careful, to take care
raccrocher to hang up the phone
le cauchemar nightmare
le cabinet médical clinic
un embouteillage traffic jam
ne pas pouvoir s'empêcher de... can't help doing something
la grippe flu

agir to act

se précipiter to rush

la boîte vocale voicemail

l'heure de pointe (f) rush hour

le béton concrete

pris au piège trapped

coincé stuck

la rocade bypass

se risquer to take a chance

avoir le cœur serré to feel one's heart sink

Compréhension

Sélectionnez une seule réponse pour chaque question.

6) Christelle se réveille à _____.

   a. 7 h 55

   b. 7 h 15

   c. 7 h 05

   d. 7 h 45

7) Christelle travaille _____.

   a. sur un chantier

   b. dans un restaurant

   c. dans un café

   d. dans un cabinet médical

8) Comment est-ce que Christelle se souvient de son cauchemar ?

   a. Quelqu'un fait tomber une cuillère.

   b. Le téléphone sonne.

   c. Elle mange quelque chose de bizarre.

   d. Elle regarde l'horloge.

9) Christelle appelle ____ quand elle n'arrive pas à joindre Thomas.
   a. Sarah
   b. Hugo
   c. Éric
   d. Lise

10) Trouvez les expressions **en gras** dans l'histoire. Quelle paire d'expressions n'a pas le même sens ?
    a. **paniquer** / s'inquiéter
    b. **être en sueur** / paniquer
    c. **avoir le cœur qui se serre** / ignorer
    d. **haleter** / respirer difficilement

Chapitre 3 – Sauvés !

Christelle était dans le hall d'entrée. Elle ne savait pas quoi faire. Il y avait **bel et bien** un incendie dans le bâtiment. Thomas était en danger. Soudain, elle a entendu quelqu'un crier son nom. Elle s'est tournée et a vu Hugo qui courait vers elle.

— Hugo ! a-t-elle dit, soulagée de le voir. C'est arrivé, mon rêve est en train de se réaliser. Tu sens cette odeur de fumée ?

— Oui, mais calme-toi, lui a-t-il dit, en l'emmenant dehors. J'étais coincé dans les embouteillages. Je viens juste d'arriver. Je suis allé derrière le bâtiment et il y a des flammes et de la fumée qui sortent des fenêtres, tout en haut. J'ai appelé **les pompiers** et ils vont bientôt arriver. Ne t'inquiète pas. Je suis sûr qu'ils vont le sortir d'ici.

Au même moment, ils ont entendu les sirènes des pompiers **retentir**.

Pourquoi ont-ils mis tant de temps ? s'est demandé Christelle.

Il fallait les sortir de là. Il fallait que Thomas sorte de là. Christelle a regardé sa montre : 13 h 13.

— Les pompiers n'arriveront jamais à temps. Thomas n'a plus que dix minutes pour s'en sortir.

— Calme-toi, Christelle. Réfléchissons un peu. De quoi est-ce que tu te souviens exactement dans ton rêve ?

— Euh… Je ne sais plus, a répondu Christelle en pleurant.

— Allez… Réfléchis… Christelle.

— Ok… Il était pris au piège dans une sorte de placard.

— C'est tout ? Rien d'autre ?

Christelle a fermé les yeux et elle a essayé de se souvenir de ce qu'elle avait vu dans son cauchemar. L'image d'un boîtier électrique sur un mur lui est venue à l'esprit. Elle s'est souvenue que le chiffre 3 était inscrit dessus.

— Il y a un boîtier électrique dans le placard et il y a le chiffre 3 écrit dessus, a-t-elle dit en ouvrant les yeux. Oui, c'est ça… Christelle avait peur et ça se voyait dans son regard.

— Trois pour troisième étage. Il doit se trouver au troisième étage. Allons-y ! a lancé Hugo.

Christelle et Hugo se sont précipités vers les portes d'entrée. À l'approche du bâtiment, il y avait **une foule** de personnes qui sortaient en courant et empêchaient Christelle et Hugo d'entrer. Finalement, ils ont réussi à **se faufiler** et ils se sont précipités à l'intérieur. Christelle s'est dirigée vers les ascenseurs mais Hugo lui a dit d'aller vers **la cage d'escalier**.

— Les ascenseurs ne marchent pas en cas d'incendie. Il vaut mieux prendre l'escalier.

Quand ils ont ouvert la porte de la cage d'escalier, ils ont de nouveau été arrêtés par un autre groupe de personnes. Hugo **a trébuché** et il est tombé lourdement.

— Hugo. Ça va ?

— Ma **cheville**. Je me suis fait mal…

Comme il y avait un peu moins de monde maintenant, Hugo a essayé de monter l'escalier mais après une marche seulement, il est retombé.

— Aïe ! s'est-il exclamé. Ça fait mal... Ce n'est pas bon signe, Christelle. Je ne vais pas pouvoir y aller. Vas-y toute seule.

— Quoi ?

— Oui. Vas-y ! Tu peux y arriver toute seule. Moi, je vais chercher de l'aide.

Hugo a poussé Christelle vers les marches et il est reparti vers l'entrée **en boitant** tout en criant « **Au secours !** ».

Christelle l'a regardé une dernière fois et puis elle a monté les marches en courant. Elle a regardé sa montre une nouvelle fois. 13 h 18. Il ne restait que quatre minutes. Quand Christelle est arrivée au troisième étage, elle a ouvert la porte. Une épaisse fumée noire emplissait le hall. Elle **s'est mise à quatre pattes** et elle a commencé à **ramper**. La fumée et la chaleur étaient insupportables. Elle entendait **un grondement** au-dessus d'elle. Elle a continué à ramper tout en pleurant. Elle essayait **désespérément** de trouver un placard. Quelques instants plus tard, Christelle l'a enfin trouvé. Il était tout au bout du hall. Elle a frappé très fort sur la porte.

— Thomas, tu es là ? a-t-elle crié.

— Christelle, c'est toi ? Qu'est-ce que tu fais ici ? a répondu Thomas. Sors-nous d'ici ! Je suis avec les chefs de chantier. Nous sommes coincés. **La serrure de sécurité** s'est bloquée quand l'alarme d'incendie a retenti.

— Ok. Attends, a dit Christelle en regardant la serrure.

C'était une serrure de sécurité **haut de gamme**. Il était impossible que Christelle arrive à l'ouvrir. Elle a regardé tout autour d'elle pour voir s'il y avait quelque chose qu'elle pourrait utiliser pour forcer la porte. Enfin, elle a vu **une hache** dans un **boîtier à incendie** qui se trouvait sur le mur en face d'elle. Elle a couru vers la boîte, a brisé le verre et a pris la hache. La fumée était très épaisse désormais et Christelle s'est mise à **tousser**. Elle est retournée vers le placard à quatre pattes aussi vite que possible. Elle a respiré profondément, s'est levée et a frappé **la poignée de la porte** d'un coup de hache... Une fois... Deux fois... Trois fois. Elle a continué de frapper sur la porte mais rien n'y faisait. Christelle commençait à paniquer. Elle a donné un nouveau coup de hache et tout à coup la poignée a lâché. Christelle a laissé tomber la hache et a mis un coup d'épaule dans la porte. La porte s'est ouverte. Christelle est tombée mais Thomas l'a attrapée tout de suite.

— Je te tiens, a-t-il dit. Bien joué, Christelle, Mais comment...

Christelle a regardé sa montre. Dans la fumée, elle ne voyait que la lumière du cadran. Il était 13 h 21.

— Pas maintenant, Thomas, a-t-elle crié. Il ne nous reste qu'une minute !

Elle s'est remise à quatre pattes et elle a très vite repris la direction de la cage d'escalier. Thomas et les deux chefs de chantier la suivaient de très près. Quelques secondes plus tard, ils ont entendu un bruit métallique très violent et puis **un fracas**. Le toit du placard venait de s'effondrer.

Ils continuaient à ramper mais la fumée était désormais si épaisse qu'ils ne voyaient plus la cage d'escalier. Christelle, paniquée, s'est mise à pleurer.

— Je n'y vois rien. Je ne sais pas par où aller !

— Moi non plus, a répondu Thomas.

Puis soudainement, ils ont entendu Hugo qui les appelait depuis l'étage du dessous.

— Par ici, a-t-il crié. Je suis dans la cage d'escalier. Suivez le son de ma voix !

Christelle avançait à quatre pattes, guidée par la voix d'Hugo. La fumée était très épaisse et elle pouvait à peine respirer. La chaleur lui brûlait le dos et les jambes. C'était comme si elle avait le corps en feu. Finalement, ils sont parvenus à trouver l'escalier.

Christelle toussait beaucoup. Elle avait l'impression qu'ils n'arriveraient jamais en bas, mais plus ils descendaient et moins il y avait de fumée. Finalement, ils se sont retrouvés au rez-de-chaussée.

Hugo les attendait avec les pompiers qui portaient des masques à oxygène et guidaient les personnes vers la sortie. Un des pompiers a soulevé Christelle et l'a emmenée dehors. Elle s'est retournée et a vu qu'un autre pompier aidait Thomas. Les pompiers ont installé Christelle et Thomas dans une ambulance et leur ont donné des masques à oxygène. Hugo est arrivé en boitant. Il s'est assis à côté d'eux et a attendu qu'on s'occupe de sa cheville. Après quelques **bouffées** d'oxygène, Thomas a enlevé son masque et a regardé autour de lui :

— Mais au fait, qu'est-ce que vous faisiez là, tous les deux ? a-t-il demandé.

Hugo a souri à Christelle.

— Christelle m'a appelé pour me dire qu'elle avait rêvé que tu étais pris au piège dans un incendie, alors on a décidé de venir voir si tu allais bien.

Thomas a regardé Christelle. Christelle voulait que Thomas la rassure. Il l'a prise dans ses bras et lui a dit :

— Je suis content que tu sois venue. Puis, il l'a regardée dans les yeux. Christelle, je t'aime, lui a-t-il dit en s'essuyant le visage. Tu m'as sauvé la vie. Maintenant je sais que je veux passer le reste de ma vie avec toi. Christelle, veux-tu m'**épouser** ?

Christelle ne s'est pas tout de suite rendu compte de ce que Thomas venait de dire. Mais, après quelques instants, elle l'a regardé, très surprise.

— Quoi ? c'est ici que me demandes en mariage ? Regarde dans quel état je suis ! Une demande en mariage **est censée** être un moment spécial. Non, tu ne peux pas me faire ça... Tu ne peux pas me demander en mariage maintenant !

Hugo et Thomas se sont mis à rire. Christelle a levé les yeux et elle aussi, s'est mise à rire. Puis, elle **s'est tue** et a souri à l'amour de sa vie. Elle s'est approchée de lui pour l'embrasser. Mais Christelle et Thomas se sont mis à tousser et ont dû attraper leurs masques pour les remettre. Un peu plus tard, Christelle a enlevé le sien et elle a regardé Thomas.

— Tu aurais pu choisir un meilleur moment mais oui, Thomas, je veux bien t'épouser.

Révision du chapitre 3

Résumé

Christelle se trouve sur le chantier de Thomas. Il y a bel et bien un incendie et son cauchemar va peut-être se réaliser. Hugo arrive. Il a appelé les pompiers mais Christelle ne pense pas qu'ils vont arriver à temps pour sauver Thomas. Christelle se souvient que dans son rêve elle a vu le chiffre 3. Alors, avec Hugo, ils décident d'aller au troisième étage. Malheureusement, Hugo se fait mal à la cheville, alors Christelle doit monter toute seule. En arrivant, elle trouve Thomas et deux chefs de chantier coincés dans un placard. Elle force la porte pour les faire sortir. Ils marchent à quatre pattes en suivant la voix d'Hugo qui les guide. Plus tard, alors que les trois amis sont dans l'ambulance, Thomas demande Christelle en mariage. Christelle dit oui mais elle rigole car il aurait pu trouver un autre jour pour lui faire sa demande en mariage !

Vocabulaire

bel et bien well and truly
pompier (m/f) firefighter
retentir to blare
la foule crowd
se faufiler to squeeze through
la cage d'escalier stairwell
trébucher to stumble
la cheville ankle
boiter to limp
au secours ! help!
se mettre à quatre pattes to go on all fours
ramper to crawl

le grondement roaring sound

désespérément frantically

la serrure de sécurité security lock

haut de gamme top of the range

la hache axe

le boîtier à incendie fire box

tousser to cough

la poignée de porte door handle

le fracas racket

la bouffée breath

épouser to marry

être censé to be supposed to

se taire to hush

Compréhension

Sélectionnez une seule réponse pour chaque question.

11) Christelle et Hugo décident d'agir à _____.

    a. 13 h 22

    b. 12 h 12

    c. 13 h 02

    d. 13 h 13

12) Pourquoi est-ce que Hugo ne peut pas monter les marches ?

    a. Il s'est fait mal à la cheville.

    b. Il est pris au piège dans l'entrée.

    c. Il y a trop de monde.

    d. Christelle lui ordonne d'aller chercher de l'aide.

13) Comment est-ce que Thomas sort du placard ?

a. Christelle ouvre la porte avec une clé.

b. Christelle ouvre la porte à l'aide d'une hache.

c. Christelle met un coup de pied dans la porte.

d. Christelle appelle les pompiers.

14) Quelle phrase ci-dessous mentionne des FAITS, et non des opinions ?

a. Je suis sûr qu'ils vont le sortir d'ici.

b. Les ascenseurs ne marchent pas en cas d'incendie.

c. C'était comme si elle avait le corps en feu.

d. Elle avait l'impression qu'ils n'arriveraient jamais en bas.

15) Quelle suite d'événements est correcte ?

a. Hugo se fait mal à la cheville, Christelle trouve Thomas dans le placard, les pompiers arrivent et Thomas demande à Christelle de l'épouser.

b. Hugo se fait mal à la cheville, les pompiers arrivent, Christelle trouve Thomas dans le placard et Thomas demande à Christelle de l'épouser.

c. Les pompiers arrivent, Hugo se fait mal à la cheville, Christelle trouve Thomas dans le placard et Thomas demande à Christelle de l'épouser.

d. Christelle trouve Thomas dans le placard, les pompiers arrivent, Hugo se fait mal à la cheville et Thomas demande à Christelle de l'épouser.

La persévérance finit par payer

Chapitre 1 – Chez Nora

— Pourquoi est-ce qu'on ne peut pas entrer ? ai-je demandé à l'homme à la corpulence imposante qui était face à nous. Il portait un T-shirt foncé et il était très grand et très musclé. Il bloquait la porte de la **boîte de nuit**, *Chez Nora*.

Du dehors, on entendait la musique et on avait vraiment envie d'entrer dans la boîte. Je venais de perdre mon boulot la **veille** et j'avais besoin de m'amuser pour oublier mes soucis. On devait trouver un moyen d'entrer ! En plus, j'étais déjà bien assez stressé et cet homme me rendait fou.

— Excusez-moi ! Je vous ai demandé pourquoi on ne pouvait pas entrer, ai-je répété.

La **persévérance** était l'une de mes qualités !

L'homme imposant était le **videur** de la boîte de nuit. Son boulot était de laisser entrer seulement les *bonnes* personnes et de **refouler** les autres. Il nous a montré une feuille de papier et il **a froncé les sourcils**.

— Vous n'êtes pas sur la liste des invités !

J'ai levé la tête pour le regarder. Il mesurait au moins quinze centimètres de plus que moi.

— Et, on fait comment pour être sur votre « liste des invités » ? ai-je demandé.

Mes copains, Corentin et Antoine, et moi, nous nous **étions mis sur notre trente-et-un**. Nous avions traversé toute la ville pour aller *Chez Nora* car c'était la boîte **à la mode** et on voulait voir comment c'était. Mais maintenant, le videur nous interdisait l'entrée et je voulais savoir pourquoi. Pour toute réponse, il m'a ignoré. Il y avait une longue **file d'attente** derrière nous et il a commencé à **regarder** tout le monde **de haut en bas**.

— Il faut faire comment pour entrer ? ai-je de nouveau demandé **en claquant des doigts** pour attirer son attention.

— Il n'y a rien à faire, m'a répondu le videur, puis il a fait signe à la personne derrière nous d'avancer. C'était une très belle fille. Quand je l'ai vue, j'ai eu une idée.

— Une seconde, s'il vous plaît, ai-je protesté. Nos petites copines sont déjà à l'intérieur. Elles nous attendent...

C'était un mensonge mais j'espérais que le videur allait me croire. Antoine m'a regardé comme si j'étais devenu fou.

— Marceau, tu fais quoi là ? m'a-t-il **chuchoté**.

Antoine était un beau **mec** mais il était très timide. Il ne prenait jamais de risques.

— Tais-toi, lui ai-je répondu en chuchotant.

Je ne voulais pas que le videur nous entende. Mais, malheureusement, il a entendu ce que nous venions de dire. Il **a levé les yeux au ciel** et il a essayé de m'ignorer une fois de plus.

— Non, mais c'est vrai, ai-je insisté, nos petites copines sont à l'intérieur et elles nous attendent. Il faut que vous nous laissiez entrer.

Le géant a levé la corde en **velours rouge** et il a laissé une jeune fille blonde entrer.

— Merci Bruno ! a-t-elle dit en souriant quand elle est passée devant lui.

J'ai essayé de la suivre mais Bruno, le videur, m'a arrêté et m'a fait non de la tête.

— Vos amies sont vraiment à l'intérieur ? a demandé le videur.

— Oui, nos *petites amies* sont déjà passées et elles nous attendent. On n'est pas venus pour causer des ennuis. On est venus voir nos amies.

— Nos *petites amies*, a ajouté Corentin. Je lui ai souri. *Bien joué, Corentin !*

Le videur n'avait pas l'air de nous croire. Il s'est passé la main sur le crâne.

— Bon, alors, vos petites amies, elles s'appellent comment ?

— Leurs noms ? ai-je demandé.

— Ouais, leurs noms. Elles s'appellent comment vos « petites amies » ? a répété le videur, en levant les yeux au ciel.

Euh... ben... Je ne savais pas comment elles s'appelaient... puisqu'elles n'existaient pas. Euh... J'ai regardé Corentin, désespéré. Il ne disait rien. J'ai regardé Antoine. Il se cachait le visage, embarrassé. Je me suis retourné vers le videur sans rien trouver à dire.

— Bon allez, **ça suffit** maintenant. Le videur a souri et il m'a poussé sur le côté. À vous derrière, venez, avancez !

Corentin, Antoine et moi, nous nous sommes regardés. *On fait quoi maintenant ?* On a décidé d'aller prendre un café dans un bar qui se trouvait de l'autre côté de la rue.

— C'est vraiment stupide ce que tu viens de faire, Marceau ! a dit Antoine en enlevant sa veste.

Antoine avait mis ses vêtements préférés pour sortir. Avec son physique, Antoine pourrait être acteur ou mannequin mais il voyait toujours tout en noir. Il était si timide qu'il n'osait jamais rien faire. **Je m'en voulais** car c'est moi qui les avais forcés à venir ici. Tout le monde savait qu'il était impossible d'entrer dans cette boîte sans y avoir été invité et qu'il était quasiment impossible d'obtenir une invitation. Mais j'avais quand même voulu essayer.

Nous nous sommes assis à une table et le serveur est venu prendre notre commande. Corentin a pris un café noir et deux **beignets** au chocolat.

Corentin ne ressemblait en rien à Antoine. Il était beaucoup plus extraverti et il avait une attitude plus positive. Il était toujours prêt à tout. Il aimait aussi les gâteaux, comme les beignets et le chocolat. Il était un peu **rondouillet** mais **il s'en fichait**.

— La même chose pour moi ! a dit Antoine au serveur. Mais, moi, je veux des beignets **nature**, s'il vous plaît.

— Et pour vous, Monsieur ? m'a demandé le serveur.

— Moi, je voudrais savoir comment on fait pour entrer dans la boîte de nuit, ai-je répondu, en la montrant du doigt.

— *Chez Nora* ? Si vous n'êtes pas sur la liste, vous ne pouvez pas entrer. Il faut être invité… ou être une jolie femme, bien sûr. Pour les filles, il n'y a aucun problème ! Ils les laissent passer.

— Pourquoi ? a demandé Antoine.

— Parce que comme ça, ça va attirer les mecs et ils vont dépenser beaucoup d'argent !

J'ai **secoué la tête** et je l'ai regardé de travers.

— Ça, ce n'est pas juste !

Le serveur **a haussé les épaules**.

— Peut-être, mais c'est comme ça. Si vous voulez entrer *Chez Nora*, il faudra que vous trouviez des filles pour vous accompagner. Alors, vous ne voulez rien commander ?

— Un café-crème, mais pas de beignets pour moi, merci, ai-je répondu.

Quand le serveur est parti, j'ai regardé mes copains.

— Mais les gars, franchement, qui mange des beignets à dix heures du soir ?

Corentin et Antoine se sont regardés.

— Nous ! ont-ils répondu en même temps.

J'ai soupiré et j'ai croisé les bras. J'allais sans doute devoir passer mon samedi soir avec ces deux-là… une fois de plus ! **Je n'en revenais pas** !

Une fois nos cafés finis et les beignets mangés, nous avons réglé l'addition. Alors que nous allions sortir du café, j'ai remarqué trois filles qui étaient assises près de la fenêtre. Elles étaient en train de parler et de rigoler. Elles avaient fini de manger et de boire.

— Et les mecs ! ai-je dit, en regardant dans la direction des filles. Et si…

— Non, m'a interrompu Antoine. On s'en va, Marceau !

— Mais attends, Antoine.

— Qu'est-ce que tu veux faire, Marceau ? a demandé Corentin. Tu crois qu'on devrait leur parler ?

Je me suis passé les doigts dans les cheveux.

— Ouais, pourquoi pas ? Je viens juste de perdre mon boulot. J'ai vraiment envie de m'amuser, alors pourquoi pas une petite danse ? On devrait essayer de leur parler. On verra bien si elles veulent venir avec nous. **Qui ne tente rien, n'a rien !**

Antoine m'a regardé et m'a dit :

— Elles pourraient nous dire non et nous rire au nez ! C'est ce que tu veux ?

Corentin **a donné un coup de coude** à Antoine.

— Allez, Antoine… Arrête d'être aussi négatif ! Marceau a raison. On peut leur demander. Peut-être qu'elles voudront venir avec nous *Chez Nora*. Qui sait *?* Et si on arrive à entrer, soit elles restent avec nous, soit elles nous **laissent tomber**. Elles feront comme elles veulent. Mais au moins, on sera à l'intérieur et alors on pourra s'amuser.

Les filles nous regardaient. L'une d'entre elles, une fille aux cheveux roux, s'est penchée vers ses copines pour leur chuchoter quelque chose et elles ont toutes les trois **hoché la tête**.

J'étais vraiment nerveux mais j'ai décidé d'aller leur parler. Je me suis approché de leur table. Mes copains étaient derrière moi.

— Salut, je m'appelle Marceau Giroud. Aucune parenté avec Olivier Giroud, le footballeur, ai-je dit **en blaguant**.

— Non, ça c'est sûr ! Et ça se voit ! a dit la jeune fille rousse, en fronçant les sourcils.

Ses copines ont rigolé et j'ai rigolé avec elles... Mais pas trop !

— Ça vous dirait d'aller *Chez Nora* avec nous ? Le videur n'a pas voulu nous laisser entrer mais je crois que si on se présentait en couple, ça irait.

La plus petite des trois filles nous **a regardés d'un mauvais œil** et elle a dit :

— *En couple ?* Mais on ne se connait même pas !

— Je sais, mais ce n'est pas comme si nous étions vraiment *en couple*. On pourrait essayer d'entrer ensemble et après c'est à vous de choisir si vous voulez rester avec nous ou pas. Allez... On essaie ? **Ça ne vous dit pas** de voir comment elle est cette boîte ?

Les filles ont regardé la longue file d'attente devant la boîte de nuit. Puis, elles se sont regardées entre elles.

— En fait, nous, on n'a pas besoin de vous pour entrer, a dit la rousse, mais on pourrait vous aider. Je pourrais **faire marcher mes contacts** !

Elle a regardé ses copines. Les trois filles se sont mises à rigoler et puis, elles se sont levées. La rousse m'a pris par la main en disant :

— Au fait, moi, c'est Océane.

Révision du chapitre 1

Résumé

Marceau Giroud vient de perdre son boulot. Avec ses copains, Corentin et Antoine, ils veulent aller s'amuser *Chez Nora*, une boîte de nuit à la mode. Malheureusement, ils ne peuvent pas entrer puisqu'ils n'ont pas d'invitation et qu'ils ne sont pas en couple. Ils décident alors d'aller dans un bar qui se trouve en face de la boîte pour prendre un café et manger des beignets. Au café, les trois copains demandent à trois filles si elles accepteraient d'aller *Chez Nora* avec eux. D'abord, les filles rigolent, puis elles acceptent de les aider.

Vocabulaire

la boîte de nuit nightclub

la veille the day/night before

la persévérance persistence

le videur bouncer

refouler to turn back

froncer les sourcils to frown

se mettre sur son trente-et-un to dress in formal attire

à la mode trendy

la file d'attente queue

regarder quelqu'un de haut en bas to look somebody up and down, to size somebody up

claquer des doigts to snap one's fingers

chuchoter to whisper

un mec guy

lever les yeux au ciel to roll one's eyes

le velours rouge red velvet

ça suffit that's enough

s'en vouloir to feel bad about something

le beignet doughnut

rondouillet chubby

se ficher de to not care

nature plain

secouer la tête to shake one's head

hausser les épaules to shrug (one's shoulders)

ne pas en revenir in disbelief

Qui ne tente rien, n'a rien ! Nothing ventured, nothing gained!

donner un coup de coude to nudge

laisser tomber to let somebody down

hocher la tête to nod

blaguer to joke

regarder d'un mauvais œil to eye critically, to give the evil eye

Ça ne vous dit pas de... You're not tempted to...

faire marcher ses contacts to use one's connections

Compréhension

Sélectionnez une seule réponse pour chaque question.

1) Pourquoi Marceau et ses copains ne peuvent-ils pas entrer dans la boîte de nuit ?

   a. Ils sont en avance.

   b. Il y a trop de monde dans la boîte.

   c. Le videur ne veut pas les laisser entrer.

   d. Ils n'ont pas assez d'argent pour payer l'entrée.

2) Comment est-ce que Marceau trouve une idée pour entrer dans la boîte ?

   a. Il voit une jolie fille entrer dans la boîte.

   b. Il voit un bel homme entrer dans la boîte.

   c. Il voit un couple entrer dans la boîte.

   d. Il voit un café.

3) Quelles différences de personnalité y a-t-il entre Marceau, Corentin et Antoine ?

   a. Contrairement à Antoine, Marceau et Corentin sont mal à l'aise avec des inconnus.

   b. Marceau et Corentin ont une attitude positive sur la vie alors qu'Antoine est négatif la plupart du temps.

   c. Corentin et Marceau sont vraiment timides alors qu'Antoine est très extraverti.

   d. Aucune des suggestions ne convient.

4) Pourquoi est-ce qu'Antoine ne veut pas parler aux filles ?

   a. Il les trouve arrogantes.

   b. Il est mal à l'aise.

   c. Il ne veut pas aller en boîte.

   d. Il n'aime pas ces filles-là.

5) Les filles____.

   a. ne peuvent pas entrer dans la boîte sans les garçons

   b. ne sont pas contentes d'avoir été dérangées

   c. disent qu'elles vont aider Marceau et ses copains

   d. ne vont pas aider Marceau et ses copains

Chapitre 2 – On y est !

— Laisse-moi parler au videur, ai-je dit, sûr de moi, quand nous avons quitté le café.

— Non, a dit Océane. Laisse-moi faire. J'y arriverai mieux que toi !

— Elle m'a souri quand j'ai commencé à protester mais Corentin m'a donné un petit coup de coude.

— Elle a raison. Laisse-la faire !

Nous nous sommes dirigés au bout de la file d'attente. Soudainement, Océane m'a pris par la main et elle s'est mise à courir vers le videur. Les autres nous ont suivis même si personne **n'avait la moindre idée** de ce qu'Océane allait faire.

— Excuse-moi, Bruno ! a crié Océane en faisant un signe de la main alors que nous nous approchions de l'homme.

Elle s'est arrêtée à quelques centimètres à peine de l'énorme videur.

— C'est bien Bruno, n'est-ce pas ?

— On se connaît ? a demandé l'homme, surpris.

— Tu étais censé laisser entrer mon petit ami tout à l'heure, a-t-elle dit, en me montrant du doigt. Qu'est-ce qui s'est passé ?

— Euh… Son nom n'était pas sur la liste, a répondu l'homme.

— Quelle liste ? Tu veux dire la liste **bidon** ? a-t-elle demandé en attrapant la feuille de papier. Il lui a repris la liste des mains et la tenait maintenant au-dessus de sa tête.

— Allons, tu sais très bien que tous les noms sur cette liste sont bidons.

— Mais qu'est-ce que vous dites, Mademoiselle ? a dit Bruno. Il s'est ensuite penché vers Océane pour que personne n'entende ce qu'il allait lui dire :

— Et, alors, qu'est-ce que ça peut faire si c'est une liste bidon ?

— Tu connais Nora Bellasim ? a demandé Océane, **l'air de rien**.

Bruno l'a regardée d'un mauvais œil.

— Nora, la propriétaire de la boîte ? a-t-il demandé.

— Ouais, c'est ça, la propriétaire, a répondu Océane, à voix basse.

Elle a ensuite sorti son permis de conduire de son sac. Elle l'a montré au videur qui n'en croyait pas ses yeux.

— Je m'appelle Océane Bellasim, a dit la rousse, et Nora, c'est ma mère.

— On y est ! Impressionnant ce que tu viens de faire, Océane ! ai-je dit en me dégageant les cheveux des yeux. Je ne pouvais pas savoir qui tu étais !

— Qui *j'étais* ? a dit Océane, en m'emmenant au bar. Tu veux dire, qui je *suis* ! Alors, tu prends quoi ?

Au bar le serveur était vraiment **débordé** et plusieurs personnes essayaient d'attirer son attention, mais quand il a vu Océane, il est venu tout de suite vers elle.

— Ça me fait plaisir de te voir, Océane ! a-t-il crié, en parlant plus fort que la musique. Je te sers quelque chose ?

— Un coca et… ? a-t-elle dit. Elle m'a regardé et elle attendait ma réponse.

— Oui, pareil pour moi ! ai-je crié.

— Quoi ? a demandé le barman, je n'ai pas entendu, désolé !

— Un coca pour moi aussi, ai-je hurlé.

Océane était surprise de ce que j'avais commandé.

— Tu ne bois pas d'alcool ?

— Nan, ai-je dit en souriant. Je suis venu ici pour m'amuser et danser !

Le barman nous a apporté nos boissons et nous sommes allés nous asseoir à une table dans un coin.

— Tes copains **ont disparu**, a dit Océane en regardant tout autour d'elle.

— J'en vois un sur la piste de danse, ai-je répondu en montrant Corentin du doigt. Il était en train de **s'éclater** avec la plus petite des copines d'Océane. Ils ont l'air de bien s'entendre. Regarde comme ils sourient.

— Et ton autre copain ? a répondu Océane, en regardant de nouveau tout autour d'elle.

— Antoine ? Il est…, ai-je commencé à dire, en regardant autour de moi… mais il ne se trouvait nulle part !

Antoine était sans doute parti. J'ai sorti mon téléphone de ma poche pour vérifier mes messages et je venais d'en recevoir un d'Antoine : *Désolé, les mecs, j'ai décidé de rentrer. Je suis mal à l'aise avec les gens que je ne connais pas.*

Classique ! Antoine ne prenait jamais aucun risque.

— Eh ben, on dirait qu'il a décidé de rentrer chez lui, ai-je expliqué à Océane.

Océane m'a souri et je lui ai rendu son sourire.

Soudainement, quelqu'un est venu nous interrompre.

— Eh les amis ! nous a interpellés l'autre copine d'Océane, celle qui ne dansait pas. Elle est venue s'asseoir à notre table. Qu'est-ce qui se passe ?

— T'étais passée où, toi ? a demandé Océane. T'as fait peur à Antoine, a-t-elle **plaisanté**.

— J'ai bien peur que oui, a répondu sa copine, en rigolant ! Puis, elle m'a regardé. Au fait, tu t'appelles comment déjà ?

— Marceau, ai-je répondu. Et toi, c'est… ?

— Moi, c'est Inès. Et là-bas, c'est Alaya, la fille qui est en train de danser. De toute façon, ton copain Antoine, il était bizarre !

— Il n'est pas bizarre, il est juste timide, ai-je dit. Et comme dit la chanson de Jacques Brel, « *Les timides suivent l'ombre, l'ombre sombre de leur ombre…*

— *Mais les timides, un soir d'audace…* », a continué Océane. J'adore cette chanson !

— C'est vrai ? Jacques Brel est l'un de mes chanteurs préférés.

— Ah oui ? Moi aussi. J'adore Brel, quel grand homme ! a dit Océane en souriant.

C'était mon jour de chance ! Non seulement Océane était belle mais elle avait bon goût en musique. Inès nous a regardés et elle a levé les yeux au ciel. Elle n'était pas très contente qu'Antoine soit parti mais elle était toujours de bonne humeur !

— Ok. Je vais me chercher quelque chose à boire, a-t-elle dit.

Elle s'est levée mais avant de partir, elle nous a dit :

— Allez, *le petit couple*, amusez-vous bien !

J'ai souri. Ça me faisait plaisir d'entendre dire qu'Océane et moi avions l'air d'un *petit couple*.

— Merci encore de nous avoir aidés, ai-je dit à Océane. J'ai eu une semaine difficile. Je viens de perdre mon boulot.

— Oh, c'est terrible, a dit Océane **avec compassion**. Tu faisais quoi comme boulot ? m'a-t-elle demandé, l'air inquiète.

— ***Qu'est-ce qui m'a pris*** *de lui dire que je venais de perdre mon boulot ? Elle va penser que je suis* ***un bon à rien*** *!*

— En fait, ai-je commencé à dire, je faisais ça, en montrant le bar du doigt. Je voulais lui dire la vérité :

— J'étais barman.

Océane se mordait la lèvre. Elle pensait à quelque chose. Puis, elle a souri et elle a dit :

— Donc, ton rêve c'était de venir ici, *Chez Nora* ?

Je regardais tout autour de moi. La boîte avait **une sono** avec de gros **haut-parleurs** aux murs et des lumières haut de gamme. Un DJ professionnel passait la meilleure musique du moment et il y avait beaucoup de monde sur la piste de danse. Il y avait aussi plein de place pour s'asseoir et parler.

— C'est vraiment super ici. Si je pouvais, je viendrais toutes les semaines.

— T'essaies de me dire quelque chose ? a dit Océane, en rigolant.

— Ben, si ça te disait de revenir ici *en couple*, j'aimerais bien t'appeler... Si tu acceptes de me donner ton numéro de téléphone, bien sûr ! *Pourquoi est-ce que je me comporte comme un **nul** ?* pensais-je.

Océane **avait le sourire aux lèvres** et elle m'a tendu la main. Je lui ai pris mais elle m'a arrêté.

— Mais non, pas ta main ! Ton portable !

— Oh, ai-je dit, en rougissant. Je lui ai donné mon portable. Elle l'a pris et elle a ajouté son numéro à ma liste de contacts.

— Et voilà, maintenant tu as mon numéro, a-t-elle dit le sourire aux lèvres, et elle m'a rendu mon portable. Tu ne le donnes à personne, s'il te plaît. Tu le gardes pour toi ! C'est privé !

— Ne t'inquiète pas, ai-je répondu. Aussitôt, j'ai composé son numéro et j'ai vu son portable s'allumer.

— Maintenant, toi aussi, tu as mon numéro. Mais le mien, tu peux le donner à d'autres, ai-je blagué. Je m'en fiche. Je ne reçois jamais d'appels !

— Ouais, mais ta mère n'est pas la propriétaire d'une boîte de nuit ! a-t-elle dit, en haussant les sourcils.

— Euh, non, c'est vrai, ai-je dit en rigolant. Écoute, je voulais vraiment te dire… Je ne savais pas du tout qui tu étais quand on vous a parlé au café.

— Je te crois, a-t-elle dit. Je savais que tu n'étais pas en train de **te servir de moi**.

— En fait, si, je voulais me servir de toi. Je voulais me servir de vous trois pour essayer d'entrer ici mais au moins, je l'ai fait ouvertement ! ai-je admis.

Océane a rigolé et elle **a détourné le regard.** *Il vaudrait peut-être mieux que je **me taise** maintenant,* pensais-je.

Océane a regardé sa montre.

— Il va falloir que je m'en aille, a-t-elle dit. J'ai dit à ma **colocataire** que je rentrerais avant 23 heures.

— Tu devrais vivre pour toi et pas pour les autres, ai-je dit. Je crois que j'ai lu ça quelque part !

Océane m'a fait un grand sourire.

— Je suis tout à fait d'accord avec toi mais ma colocataire a perdu ses clés. Tu ne voudrais tout de même pas qu'elle m'attende dehors pendant que je suis ici avec toi ?

Je l'ai regardée d'un air innocent.

— Ça ne me dérange pas qu'elle t'attende ! ai-je dit en rigolant.

— Classique, a-t-elle dit en se levant. T'as mon numéro.

— Ouais, et toi, t'as le mien, ai-je dit, en me levant après elle. Je voulais l'accompagner à la sortie. On verra qui sera le premier à appeler l'autre ! Tu veux qu'on **parie** ?

Pendant un instant, elle avait l'air sérieuse.

– Ne parie jamais avec moi ou ma famille, Marceau. On gagne toujours !

Puis, elle a souri et **m'a fait un clin d'œil** avant de sortir en courant !

— Océane avait de l'humour, beaucoup d'humour, et on dirait que je lui plaisais. Alors que je me dirigeais vers la sortie, je ne pouvais pas m'empêcher de hocher la tête. *C'est vraiment mon jour de chance, aujourd'hui.*

Révision du chapitre 2

Résumé

Marceau et ses copains réussissent à entrer *Chez Nora* avec l'aide d'une jeune femme qui s'appelle Océane. Océane est la fille de la propriétaire de la boîte de nuit et elle fait marcher ses contacts pour qu'ils puissent tous y entrer. Marceau et Océane discutent et s'amusent bien pendant que Corentin danse avec la copine d'Océane, Alaya. Antoine rentre chez lui parce qu'il se sent mal à l'aise avec les gens qu'il ne connait pas. La copine d'Océane, Inès, blague et dit qu'Antoine est bizarre. Elle laisse Océane et Marceau seuls et elle va se commander un verre. Océane donne son numéro de portable à Marceau. Elle quitte la boîte de bonne heure car sa colocataire a perdu ses clés.

Vocabulaire

ne pas avoir la moindre idée to not have the slightest clue

bidon fake, phoney

l'air de rien casually

débordé snowed under

disparaître to vanish, to disappear

s'éclater to let loose, to have a great time

classique ! typical!

plaisanter to joke

avec compassion sympathetically

Qu'est-ce qui m'a pris ? What came over me, what possessed me?

un bon à rien loser

la sono sound system

le haut-parleur loudspeaker

un nul numbskull

avoir le sourire aux lèvres to smile

se servir de (quelqu'un) to use (someone)

détourner le regard to look away

se taire to stop talking, to hush up

colocataire (m, f) roommate

parier to bet

faire un clin d'œil to wink

Compréhension

Sélectionnez une seule réponse pour chaque question.

6) Océane persuade le videur de les laisser entrer en lui ___.
   a. donnant de l'argent
   b. donnant un coup de coude
   c. prouvant qu'une personne de sa famille est propriétaire de la boîte
   d. mentant

7) Comment Océane réagit-elle quand Marceau lui dit qu'il a perdu son boulot ?
   a. Elle ne montre aucune compassion.
   b. Elle est heureuse.
   c. Elle est embarrassée.
   d. Elle s'inquiète pour lui.

8) Antoine envoie un message à Marceau sur son portable. Antoine___.
   a. est parti avec un autre copain
   b. est sur la piste de danse avec une fille
   c. est parti tout seul
   d. veut venir s'asseoir avec Marceau et Océane

9) Pour donner son numéro à Marceau, Océane ___.

    a. l'écrit sur une serviette

    b. le chuchote à son oreille

    c. l'appelle au téléphone

    d. l'enregistre elle-même sur le portable de Marceau

10) Que pense Marceau à la fin de la soirée ?

    a. Océane est intéressante mais un peu ennuyeuse.

    b. Il ne pense pas vouloir revoir Océane.

    c. Océane ne l'aime pas, vu qu'elle est rentrée chez elle.

    d. Océane est mystérieuse et intéressante.

Chapitre 3 – La chance n'y était pour rien !

J'ai attendu trois jours avant d'appeler Océane. Ces journées ont été très longues ! C'était difficile mais j'ai attendu quand même.

— Tu as perdu ! a dit Océane en répondant au téléphone.

— On n'a pas parié, tu te souviens ? ai-je répondu, en rigolant. Je voulais te demander… Tu fais quoi ce soir ?

Océane n'a pas répondu tout de suite.

— En fait, mes parents ont organisé une soirée chez nous. Ils ont invité quelques-uns de leurs collègues pour **parler affaires**. Ils veulent savoir si la boîte marche bien ou pas.

— Tu y vas ? ai-je demandé.

— Oui, parce qu'ils veulent avoir l'opinion d'une personne plus jeune que mes parents, a-t-elle continué. Elle s'est tue un instant avant d'ajouter… Tu voudrais bien venir avec moi ?

J'ai rigolé.

— Tu plaisantes ? Tu veux que je rencontre tes parents et que je donne mon avis sur leur boîte ? Non merci, **ça ne me dit pas trop** !

Océane ne rigolait pas.

— Sérieusement, j'aimerais bien que tu viennes avec moi. Ça te surprend ? Je pense que tu es quelqu'un de très honnête.

— Mais, tu ne me connais pas vraiment, ai-je objecté.

— J'ai une bonne intuition en ce qui concerne les gens, Marceau. Alors, tu es disponible ce soir à huit heures ?

Nous nous sommes retrouvés devant l'appartement d'Océane et nous avons pris sa voiture pour aller chez ses parents. Ils habitaient dans une énorme **demeure** sur deux étages. Il y avait au moins une vingtaine de pièces. Je comptais les fenêtres.

— Qu'est-ce que tu fais ? m'a-t-elle demandé, en avançant dans l'**allée**.

— Je suis en train de compter les fenêtres, ai-je répondu.

— Pourquoi tu comptes les fenêtres ? a demandé Océane, surprise.

— Je n'en ai aucune idée. Euh… J'essaie de deviner où se situe la salle de bains, ai-je répondu sans réfléchir. *Ah zut alors, qu'est-ce qui m'a pris de dire ça, c'était stupide !*

Je n'étais jamais allé chez des gens aussi riches. Et là, j'allais dîner chez des gens que je ne connaissais pas. Et ces gens riches étaient les parents de la fille avec qui je voulais sortir. J'avais de bonnes raisons de me sentir nerveux !

Océane m'a de nouveau regardé.

— Ne sois pas nerveux, a-t-elle dit en descendant de la voiture. Sois toi-même. Ne change rien !

Ça veut dire quoi « être soi-même » ? ai-je répondu, en la regardant, paniqué. Les gens disent toujours « *sois toi-même, sois toi-même* ». Bien sûr que je vais être moi-même mais ça ne veut pas dire que je vais plaire aux gens.

— Ok. Peu importe, Marceau. Calme-toi. Et si tu veux être quelqu'un d'autre, fais-le, a-t-elle dit, en secouant la tête.

Elle a fermé **la portière** et elle a ajouté :

— Ton comportement est très bizarre, Marceau.

— Désolé, mais *cette* soirée est très bizarre, ai-je répondu. Je viens de te rencontrer alors je suis forcément nerveux car je ne sais pas trop quoi te dire. Et en plus de ça, je ne sais pas *du tout* ce que je vais pouvoir dire à tes parents.

Océane a souri et elle a dit :

— Calme-toi et franchement, sois toi-même.

Océane a frappé à la porte. Après quelques instants, un **majordome** nous a ouvert. *Un majordome **en chair et en os**,* ai-je pensé. *Qui de nos jours emploie un majordome ?*

— Salut Higgings, a dit Océane en me regardant.

Ça doit être une blague ! Son majordome ne s'appelle quand même pas Higgings comme dans Magnum, *la série télévisée américaine !* C'est ce que je voulais dire tout haut mais heureusement que je n'ai rien dit !

— Très rigolo, jeune demoiselle ! a dit le majordome, en souriant. Entrez ! Et bienvenue à vous, Monsieur… ?

— Bonsoir, je m'appelle Marceau Giroud, ai-je dit en lui tendant la main.

Le majordome **m'a serré la main** et avant de nous emmener dans un grand salon, il m'a dit qu'il s'appelait Jean-Claude, et non pas Higgings !

Il y avait une douzaine de personnes assises sur les canapés. Deux d'entre elles se sont levées et se sont approchées d'Océane et de moi.

— Salut, ma chérie, a dit une très belle femme. Elle ressemblait à Océane, mais un peu plus âgée. C'est ton nouvel ami ? a-t-elle demandé, en se tournant vers moi. Bonsoir, moi c'est Nora, a-t-elle dit en souriant.

— Bonsoir. Je m'appelle Marceau, ai-je dit. Je lui ai tendu la main pour la saluer mais elle m'a pris dans ses bras et elle m'a serré très fort.

— Bienvenue, Marceau.

Un très bel homme aux cheveux gris est apparu derrière elle.

— **Ne lui en voulez pas**... Ma femme adore serrer les gens dans ses bras, a-t-il expliqué. Mais moi, je vais vous serrer la main. Sa poignée de main était aussi forte que celle de Superman. Je suis le père d'Océane, Richard, a-t-il dit en souriant.

Je me suis souvenu de la blague d'Océane sur le nom de son majordome. J'ai alors pensé que son père était lui aussi en train de me faire une blague !

— Vous vous appelez Richard, **sans blague !** Et je me suis mis à rigoler. Vous êtes trop drôle ! Genre « je m'appelle Richard et je suis super riche, je suis Richard le **richard** ». C'est très rigolo mais **je ne vais pas me faire avoir** encore une fois !

Je continuais à parler et à rigoler. Puis, j'ai regardé Océane qui, elle, ne rigolait pas du tout.

— Non, ce n'est pas une blague, a dit Océane. Mon père s'appelle vraiment Richard.

Nora **riait aux éclats**.

— J'aime bien ton ami, Océane, a-t-elle dit. Il est rigolo. Viens t'asseoir, Marceau. Nous allons parler un petit peu ensemble.

La mère d'Océane et moi avons discuté pendant quelques minutes dans le salon. Puis, nous sommes tous allés dans la salle à manger où nous attendait un délicieux repas. Après le dîner, tout le monde s'est mis à discuter de la boîte de nuit.

— Alors Marceau, que penses-tu de la boîte de nuit ? m'a demandé Nora.

— Ce que j'en pense ? ai-je répondu, en regardant, nerveux, tout autour de moi. En fait, je voudrais vous parler de votre videur et de sa **soi-disant** liste des invités. Je ne lui reproche rien, il fait très bien son boulot, mais c'est juste que je ne crois pas que votre liste soit légitime.

— Tu penses que notre liste est bidon ? a demandé Nora, en souriant. Qu'est-ce qui te fait croire ça ?

Océane et moi avons échangé un sourire.

— C'est moi qui lui ai dit, maman, a dit Océane.

Nora s'est mise à rire.

— Ok, vous m'avez eue ! Mais il y a tellement de monde qui veut venir dans la boîte ! a-t-elle expliqué tout en jouant avec son collier. Il faut qu'on **fasse attention**. On ne peut pas laisser entrer n'importe qui. Et en plus, il n'y a pas assez de place pour tout le monde.

— Il y a aussi une autre raison, a dit le père d'Océane, en **jetant un coup d'œil** à sa femme. Il y a des gens qui viennent pour dépenser de l'argent mais il y en a d'autres qui ne veulent rien dépenser. Notre boîte de nuit, c'est une affaire commerciale. Nous voulons que les clients y dépensent leur argent et c'est pour ça que notre videur décide qui entre ou pas.

Nora souriait nerveusement. On voyait bien qu'elle n'aimait pas parler d'argent.

— Alors, que penses-tu de l'intérieur de la boîte ? a-t-elle continué. Ça t'a plu ?

Je me suis souvenu du pauvre barman. Il faisait bien son boulot mais il avait trop de monde à servir.

— Euh…, ai-je commencé. L'intérieur m'a beaucoup plu mais il vous faudrait un deuxième barman au bar principal, ai-je dit, avec assurance. Votre barman était débordé. Il avait trop de commandes. **Il y avait foule** au bar et il **n'arrivait pas à suivre**.

— Je suis d'accord, a dit Nora. C'est le premier bar que les gens voient quand ils entrent dans la boîte alors il y a toujours du monde. Le problème, c'est qu'on a du mal à trouver du personnel qui donne satisfaction. Tout le monde panique après avoir travaillé quelques soirs et ils laissent tomber parce qu'ils n'arrivent pas à suivre. Toi, tu ne connaîtrais pas un bon barman qui cherche un boulot, par hasard ?

J'ai regardé Océane. Elle avait le sourire jusqu'aux oreilles.

— Ben, si, en fait… Je connais un super barman qui cherche du boulot. Il travaille vite et il est **fiable**. En fait, **c'est une perle rare** !

La curiosité de Nora était piquée.

— Ah bon, et c'est qui ?

— C'est moi, ai-je répondu, sûr de moi. Je suis sûr que je ferais du bon boulot.

Océane avait toujours le sourire aux lèvres et elle a ajouté :

— Alors, maman, Marceau doit passer un **entretien d'embauche** ou tu veux bien parier sur lui ?

À la fin du mois, ma vie avait complètement changé. J'avais retrouvé du boulot et je travaillais comme barman dans la boîte *Chez Nora*. Ma nouvelle petite amie, Océane, venait me voir au bar presque tous les soirs. Je m'étais fait beaucoup de nouveaux copains, comme Denis, l'autre barman, et même Bruno, le videur. Corentin et Antoine avaient du mal à y croire !

— Tu as vraiment de la chance, Marceau, m'a dit Antoine un soir où je lui racontais tout ce qui m'était arrivé récemment.

Il soupirait.

— Des trucs comme ça, ça ne m'arrive jamais à moi, a-t-il continué. Ça n'arrive qu'à des mecs qui ont de la chance, comme toi.

— De la chance ? ai-je dit à Antoine, très surpris. Il était assis à côté de Corentin et de sa nouvelle petite amie, Alaya. En face de lui, Océane et moi, nous nous tenions par la main. Nous étions tous dans la zone VIP de la boîte.

J'ai regardé autour de moi et j'ai dit :

— Tu as tort, mon ami. La chance n'y est pour rien dans tout ce qui m'est arrivé ! Ce n'est pas de la chance mais de la persévérance ! Toi, tu es rentré chez toi, ce soir-là. Corentin et moi, on est restés. On **a tiré profit de** la situation. On a persévéré, Antoine. Comme on le dit souvent, **quand on veut, on peut !** En ce monde, la persévérance paie !

— Et heureusement, Marceau en a beaucoup, a dit Océane en me souriant !

Révision du chapitre 3

Résumé

Au bout de trois jours, Marceau appelle Océane. Il lui demande si elle veut sortir mais ce soir-là ses parents organisent une soirée avec des collègues pour parler affaires. Océane invite Marceau chez ses parents. Marceau est très impressionné par leur demeure. Il est aussi très nerveux à l'idée de rencontrer ses parents. Après le dîner, Nora demande à Marceau ce qu'il pense de la boîte de nuit. Marceau suggère qu'il faudrait peut-être un deuxième barman et il explique qu'il a de l'expérience dans ce domaine. Finalement, Nora lui offre du travail. Quelques semaines plus tard, Marceau est avec ses copains et il parle de tout ce qui lui est arrivé de bien récemment. Antoine pense que tout cela est dû à la chance mais Marceau lui explique qu'il a provoqué cette chance car il a persévéré.

Vocabulaire

parler affaires to talk business

Ça ne me dit pas trop. I am not too keen.

la demeure mansion

une allée drive

la portière car door

le majordome butler

en chair et en os genuine, in the flesh

serrer la main to shake hands

sans blague ! you are joking!

richard (slang) loaded

se faire avoir (colloquial) to be tricked

rire aux éclats to laugh out loud

soi-disant so called

faire attention to be careful

jeter un coup d'œil à quelqu'un to glance over at somebody

il y avait foule it was crowded

arriver à suivre to keep up

fiable dependable

être une perle rare to be a catch

l'entretien (m) d'embauche job interview

tirer profit de to make the most of

Quand on veut, on peut ! Where there's a will, there's a way!

Compréhension

Sélectionnez une seule réponse pour chaque question.

11) Océane invite Marceau à ___.
   a. dîner chez elle, dans son appartement
   b. aller danser en boîte, *Chez Nora*
   c. dîner chez ses parents
   d. un entretien d'embauche avec sa mère

12) Marceau est nerveux car ___.
   a. il va rencontrer les parents d'Océane
   b. c'est la deuxième fois qu'il va sortir avec Océane
   c. c'est Océane qui conduit la voiture
   d. il n'a pas de boulot

13) Pourquoi Océane appelle-t-elle son majordome Higgins ?
   a. Elle fait une blague.
   b. C'est son nom.
   c. Le majordome n'aime pas son vrai nom.
   d. Aucune des suggestions ne convient.

14) Quand Nora rencontre Marceau, elle ___.

   a. lui serre la main

   b. le présente à son mari

   c. se moque de lui

   d. le serre dans ses bras

15) La première chose que Marceau mentionne à propos de la boîte, c'est qu'___.

   a. ils devraient lui donner un autre nom

   b. ils devraient trouver un barman supplémentaire

   c. il pense que la liste des invités est bidon

   d. il veut y travailler

Une ville horrible

Chapitre 1 – Une grande aventure

— Vous deux, vous pouvez partir à l'aventure, a expliqué Ari, mais moi je reste chez moi.

— Non, c'est hors de question. Tu viens avec nous !

Quand Denza a essayé de soulever son ami Ari, il lui a mis un coup de pied dans le genou et elle a dû le reposer par terre. Ari avait quatre-vingts ans. C'était **un dur à cuire** mais en fait, il n'était pas humain. C'était un Silwok. Même s'il avait les cheveux longs et blancs et les doigts **ridés,** Ari était en réalité encore très jeune pour un Silwok. Pour eux, c'était un adolescent.

— Non, je reste à la maison, a répété Ari. Je ne changerai pas d'avis. Je ne veux pas partir à l'aventure. Le monde est dangereux. Je ne veux pas aller à la recherche de trésors ni me battre. Ton idée de partir à l'aventure, tu peux te la garder, Denza !

Denza **a levé les bras au ciel**. Ils étaient couverts de **poils**.

— J'abandonne. Eh bien reste, si tu veux faire ton **rabat-joie**... Lummp et moi, on veut s'amuser. Et c'est que nous allons faire ! a-t-elle dit.

Denza était une Silwok, elle aussi. Elle avait une forte personnalité et aimait bien s'amuser. La plupart des Silwoks n'étaient pas comme elle. Elle, elle aimait partir à l'aventure et elle voulait faire des choses **palpitantes**. C'est pour ça que Denza était toujours avec Lummp. Lummp, lui, était de la race des Lumox. Les Lumox aimaient voyager, ils aimaient l'aventure mais ce qu'ils aimaient vraiment, c'était l'or et les trésors. En fait, ce qu'ils aimaient par-dessus tout, c'était les trésors. Alors, l'idée d'aller à la chasse au trésor avec Denza était très **attrayante** pour Lummp.

Personne ne savait vraiment quel âge il avait. Il parlait beaucoup mais personne ne le comprenait tout à fait. Il ne parlait pas la langue des Silwoks mais il savait l'écrire un petit peu. Donc, il avait toujours **un bloc-notes** sur lui et il écrivait des messages pour se faire comprendre.

Denza était en train de parler mais Lummp regardait par la fenêtre. Soudainement, il a écrit quelque chose dans son bloc-notes et l'a montré à Ari.

— *Ari*, avait-il écrit, *tu peux rester chez toi.*

— Merci, a dit Ari. Puis il a regardé Denza… Tu vois ? Lummp est d'accord avec moi. On n'a pas besoin de toutes ces aventures dans notre vie.

— *Je ne suis pas d'accord*, a écrit Lummp. Il montrait la fenêtre du doigt. Au loin, il y avait un nuage de poussière. Des chevaux approchaient. Ari voyait des humains sur les chevaux. *Des humains*, a pensé Ari. *Je n'en crois pas mes yeux !*

— Aha ! Je vois, Lummp, a dit Denza en souriant. On n'a pas besoin de partir à l'aventure. C'est l'aventure qui vient à nous !

Lummp **acquiesçait** tout en continuant de regarder par la fenêtre.

Ari, Denza et Lummp sont sortis en courant. Tous les résidents de leur petite ville étaient déjà là. Colombelle était un endroit très tranquille. La plupart de ses habitants étaient des Silwoks mais il y avait quelques Lumox aussi. En revanche, il n'y avait aucun humain et les visiteurs étaient rares. Tout le monde était donc curieux de savoir qui étaient ces inconnus qui venaient vers eux.

Alors que les inconnus approchaient, les gens de la ville ont remarqué qu'ils étaient habillés bizarrement. L'un d'entre eux portait un long manteau jaune. Il était très grand et avait une couronne sur la tête. Quand ils sont arrivés, les chevaux ont ralenti. Le premier cheval était grand et noir. Son cavalier était l'homme au manteau jaune. Sa couronne était sale et elle était mal mise. Il avait l'air d'un roi fou et fatigué.

Le grand homme a posé la main sur le cou de son cheval qui s'est arrêté. Le cavalier est descendu. C'était sûrement le chef de toute la bande.

— Est-ce que l'un d'entre vous sait qui je suis ? a-t-il demandé dans la langue des humains. Les autres cavaliers sont restés à cheval. Ils étaient huit en tout.

— Pourquoi ne pas nous le dire vous-même ? a demandé un petit Silwok.

C'était Pidor, le boulanger. Pidor, comme la plupart des Silwoks, savait parler le langage des humains.

— Ici, nous n'aimons pas les secrets, humain !

Denza s'est avancée.

— Êtes-vous un roi de l'Est, a-t-elle demandé.

— Pourquoi penses-tu que je suis roi ?

Elle a montré la couronne du doigt. Le grand homme a enlevé sa couronne sale pour la regarder.

— Peut-être que je l'ai volée, a-t-il dit en regardant autour de lui. Il avait une longue barbe rousse et les yeux bleus.

Lummp était impressionné par la couronne. Elle était en or. *Elle doit être lourde... et valoir beaucoup d'argent,* pensait-il.

— Si vous l'avez volée, a dit Pidor, vous devez aller la rendre. On n'aime pas les voleurs ici.

L'homme a rigolé. Puis, il a demandé.

— Est-ce qu'il y a quelque chose que vous aimez, vous, les petits Silwoks ? Quoi donc ?

— On aime qu'on nous laisse tranquilles, a dit Pidor, en croisant les bras de colère.

Un des autres cavaliers s'est approché de lui. Le grand homme a fait un signe de la main et il a dit :

— Non, fais plaisir à ce vieux Silwok. Laisse-le tranquille.

Le cavalier **a fait demi-tour**. Ensuite, l'homme au manteau jaune a regardé Denza.

— Tu n'as pas tout à fait tort, a-t-il dit. *J'étais* roi mais je ne le suis plus à présent.

Alors, il a laissé tomber sa couronne par terre. Lummp a écrit un message et l'a montré à Denza. Le message disait : *Demande-lui si je peux avoir sa couronne maintenant ?*

Denza a secoué la tête. Ignorant Lummp, elle a demandé :

— Qu'est-ce qui vous est arrivé ? Qu'est-ce que vous venez faire à Colombelle ?

Les autres cavaliers sont descendus de cheval. Ils se tenaient de chaque côté de l'**ancien** roi.

— Les hommes que vous voyez avec moi sont probablement les derniers humains a-t-il dit. Il y a eu une guerre terrible dans l'Est et tout le monde a été tué. Je ne suis plus roi… car je n'ai plus personne sur qui **régner** !

— Alors, pourquoi êtes-vous venus ici ? a demandé Pidor. Sa femme se tenait derrière lui et protégeait leurs filles.

— Il ne faut pas avoir peur pour tes filles, a dit le chef, **en se grattant** la barbe. Je m'appelle Yardum. J'emmène ces sept hommes à la ville de Clairefontaine, **sur la côte**, mais nous nous sommes perdus en chemin.

— Moi, je m'appelle Denza, a dit Denza en s'avançant. C'est un guide qu'il vous faut !

— Oui, en effet, j'ai besoin d'un guide, a dit Yardum. Je n'ai pas d'argent mais j'ai cette petite couronne en or. Je la donnerai à la personne qui voudra bien nous aider, a-t-il continué en regardant Lummp droit dans les yeux.

Ari avait une question, alors il a pris la parole :

— Pourquoi est-ce que vous devez aller à Clairefontaine ? Qu'est-ce qui vous attend là-bas ?

— Mes amis y sont peut-être. Peut-être que nous ne sommes pas les derniers humains après tout, a expliqué l'homme en jaune. J'ai besoin de le savoir. Voilà pourquoi nous y allons !

Lummp a écrit un message à Denza : *Il me faut cette couronne.*

Denza l'a regardé.

Puis Lummp a écrit : *Pour l'aventure, c'est maintenant ou jamais !*

Denza a acquiescé. Elle avait aussi envie d'y aller.

— Nous allons vous aider ! a-t-elle dit finalement.

Ari les a regardés, surpris. Il ne pouvait pas laisser Denza partir avec ces inconnus. Pas son amie. Pas dans ce voyage dangereux et stupide.

— Non, vous ne pouvez pas y aller, a-t-il dit à voix basse en silwokais.

Denza a secoué la tête.

— Si, j'y vais, a-t-elle dit dans la langue des humains. Si tu as peur pour moi, viens avec nous !

Ari a regardé Denza pendant un bon moment. Puis, il a regardé Yardum et ses hommes. Ils attendaient la réponse d'Ari.

— Je ne veux vraiment pas y aller, a dit Ari. Puis, il a regardé Denza et Lummp. Mais je vais venir avec vous. Je vais venir pour être sûr qu'il ne vous arrivera rien.

Denza a souri, puis elle a chuchoté :

— En route pour la grande aventure, enfin !

Un des cavaliers a ramassé la couronne. Il avait une grande **cicatrice** sur le front. Il l'a nettoyée et l'a mise dans un sac sur son cheval.

— Tout est arrangé, alors ? a dit Yardum. Toi, a-t-il dit en regardant Lummp, tu vas voyager avec Sadida, le cavalier à la cicatrice. Il va garder la couronne pour le moment. Et toi, a-t-il dit à Ari, va avec le gros Ekin. Denza, tu viens avec moi.

Révision du chapitre 1

Résumé

Ari est un jeune Silwok. Il n'aime pas l'aventure, contrairement à ses amis Denza et Lummp. Denza est Silwok, elle aussi, alors que Lummp est un Lumox. Un groupe d'humains arrive dans leur petite ville tranquille. Les trois amis vont voir les inconnus. Les humains disent qu'il y a eu une guerre dans l'Est et racontent qu'ils sont peut-être les derniers survivants de leur race. Ils sont à la recherche d'autres humains et font chemin vers Clairefontaine, une ville sur la côte. Ari, Denza et Lummp acceptent d'être leurs guides.

Vocabulaire

un dur à cuire (colloquial) tough guy

ridé wrinkly

lever les bras au ciel to throw one's arms up in despair

poils (m) body hair

rabat-joie (m, f) killjoy

palpitant exciting

attrayant appealing

le bloc-notes notepad

acquiescer to nod

faire demi-tour to go back

ancient former

régner to rule

(se) gratter to scratch

sur la côte on the coast

la cicatrice scar

Compréhension

Sélectionnez une seule réponse pour chaque question.

1) Ari a 80 ans, mais il est ___.
   a. considéré comme une vieille personne
   b. considéré comme adolescent
   c. considéré comme étant sage
   d. Aucune des suggestions ne convient.

2) Denza et Ari ne sont pas des humains. Ce sont des ___.
   a. Lummps
   b. Lumox
   c. chevaux
   d. Silwoks

3) Lummp ne parle pas silwokais, mais il se fait comprendre en ___.
   a. l'écrivant
   b. le chantant
   c. parlant comme les humains
   d. parlant la langue des Lumox

4) Yardum dit qu'avant, il était ___.
   a. roi
   b. voleur
   c. boulanger
   d. Silwok

5) Les humains sont perdus et ils cherchent ___.
   a. quelqu'un qui veut acheter leur or
   b. d'autres humains
   c. une ville qui s'appelle Colombelle
   d. des Lumox

Chapitre 2 – Les mineurs

Après avoir voyagé toute la journée, Denza, Ari, Lummp et les humains sont arrivés à Hauteroche, dans la montagne. Hauteroche était une ville pleine de mineurs, des chercheurs de **pierres précieuses**. Cette activité attirait beaucoup de criminels alors la ville était très dangereuse.

Les mineurs portaient tous des **armes** sur eux pour se protéger des voleurs. Les voleurs eux aussi avaient des armes pour voler les pierres précieuses. Il y avait de fréquents **affrontements** dans la rue et personne ne se sentait en sécurité. Du coup, la plupart des habitants avaient quitté la ville. Les magasins, les restaurants et les maisons étaient vides.

Quand le groupe est arrivé, la nuit était déjà tombée depuis plusieurs heures.

— Nous devons faire attention ici, a dit Ari. Puis, il a regardé Yardum d'un mauvais œil et il a ajouté :

— Nous n'aurions pas dû venir par ici. Cette ville est dangereuse.

— On va plus vite en passant par ici, a répondu Yardum. Et puis, personne ne va oser embêter huit humains de notre taille !

— Peut-être pas, a répondu Ari, mais tout le monde va chercher à embêter deux Silwoks. Et les Lumox ne se battent jamais. Ils préfèrent **se venger** après une attaque, alors Lummp ne nous servira à rien !

Ari regardait ses amis.

— Nous devons rester ensemble, tout le temps. C'est la seule façon de pouvoir **rester en sécurité** jusqu'à ce que nous sortions d'ici.

Ses amis **hochaient la tête**.

Les chevaux se sont arrêtés au coin d'une rue déserte.

— Nous sommes fatigués, a dit Yardum. Les chevaux ont besoin de se reposer. Et moi aussi !

— Quoi ? Vous voulez vous arrêter ici ? a demandé Ari. Pas question ! Il faut continuer notre chemin. Nous ferions mieux de camper en dehors de la ville.

— Nous n'avons pas d'équipement pour camper, a répondu Yardum. Tu veux dormir par terre sans couvertures ? Sans tentes ?

— Non, mais… a commencé Ari.

— Alors, nous allons demander une chambre en ville pour la nuit, a dit Yardum, en se dirigeant vers un petit hôtel. C'était le seul endroit qui était encore ouvert dans toute la rue. Nous partirons de bonne heure demain matin. Vous n'aurez pas peur pendant longtemps, vous, les petits Silwoks.

Denza a rigolé mais Ari n'était pas content. Yardum et ses hommes ont attaché leurs chevaux et se sont dirigés vers l'hôtel.

— Vous nous avez dit que vous n'aviez pas d'argent, a crié Ari, en courant derrière eux.

Le grand homme barbu au manteau jaune s'est retourné :

— Quoi ?

— Quand nous étions à Colombelle, vous nous avez dit que vous n'aviez pas d'argent, a répété Ari.

Yardum a fixé le petit Silwok.

— C'est vrai. Je n'ai pas d'argent, mais **où veux-tu en venir ?**

— Comment allez-vous faire pour payer les chambres ?

Les humains regardaient leur chef. Sadida a souri à Lummp qui a écrit un « ? » dans son bloc-notes.

— C'est une très bonne question, petit Silwok, a dit Yardum. Mais ne t'inquiète pas. Je vais convaincre le patron de l'hôtel de nous donner des chambres. Je peux être très persuasif des fois !

Yardum regardait autour de lui et ses amis riaient. Puis, il s'est retourné et est entré dans l'hôtel. Yardum était en effet très persuasif. Il a réussi à obtenir quatre grandes chambres : une pour lui tout seul, deux pour ses hommes et une pour Ari, Denza et Lummp. Denza a pris le lit et Ari et Lummp ont mis des couvertures par terre. Au moins, ils étaient au chaud.

— Je ne lui **fais** pas **confiance**, a dit Ari, alors qu'il essayait de s'endormir. Comment a-t-il pu obtenir des chambres sans argent ?

Lummp a écrit un message : *Il a dû **menacer** le patron de l'hôtel.*

— Oui, c'est ce que je pense aussi, a répondu Ari. Il lui a dit que ses hommes allaient lui faire du mal !

— Parle moins fort, a dit Denza, en regardant autour d'eux. Tu penses que Yardum est dangereux ? Alors ne parle pas si fort, autrement il va t'entendre !

— Ce que je veux dire c'est que nous ne le connaissons pas et nous passons la nuit à Hauteroche et ça, c'est une mauvaise idée.

— Oui, je suis d'accord, a ajouté Denza. T'avoir avec nous est une mauvaise idée !

Lummp a rigolé. Ari lui a tourné le dos pour essayer de s'endormir.

Sitôt le petit groupe endormi, la porte de la chambre s'est ouverte brusquement. Deux **silhouettes** sombres sont entrées en courant. Ari s'est levé mais il a reçu un coup sur la tête et est retombé sur Lummp. Ils ont entendu Denza crier. Quelqu'un était en train de la kidnapper.

Ari s'est relevé en se tenant la tête. Il a observé attentivement les silhouettes sombres. Ces deux hommes étaient plus petits et plus gros que la plupart des humains. Ils avaient la peau pâle, comme s'ils n'étaient pas souvent au soleil. Ils avaient de grands yeux qui pouvaient peut-être les aider à mieux voir dans le noir.

— Des mineurs ! a crié Ari.

Un mineur avait attrapé Denza et il est sorti de la chambre avec elle en courant. Il avait mis sa main sur la bouche de Denza qui ne pouvait pas dire un mot.

L'autre mineur s'est tenu un instant devant la porte. Il avait l'air confus. Il tenait quelque chose dans les mains. C'était la couverture de Denza. Quand Ari a crié, le mineur **s'est enfui**.

Ari ne savait pas quoi faire. Finalement, il a entendu les humains arriver.

— Des mineurs ont kidnappé Denza ! a crié Ari quand Sadida et Ekin sont entrés dans la chambre. Il leur a indiqué dans quelle direction les mineurs s'étaient enfuis.

— Attrapez-les ! a-t-il hurlé. Ils ont kidnappé Denza !

Sadida et Ekin se sont regardés bizarrement. Sadida **a haussé les épaules** et ils **se sont mis à la poursuite** des deux mineurs. Ari faisait de son mieux pour ne pas les perdre de vue mais les mineurs couraient très vite. En un rien de temps, ils sont arrivés au coin d'une rue où ils se sont séparés. Un mineur a tourné à gauche, l'autre est allé à droite.

— Lequel a la fille ? a demandé Ekin, en courant à côté d'Ari.

— J'sais pas. Un des mineurs tient Denza et l'autre une couverture.

Ekin **a froncé les sourcils**.

— Viens avec moi, a-t-il crié. On va courir après le mineur qui est parti à gauche. Sadida, va à droite !

Lummp était resté dans la chambre. Les Lumox marchaient très lentement et ne couraient jamais. Quand Yardum et les autres humains sont entrés, Lummp a écrit ce qui s'était passé dans son bloc-notes.

— Ne t'inquiète pas, a dit l'ancien roi, en colère. Mes hommes vont attraper ces mineurs. Ils ont volé quelque chose qui ne leur **appartient** pas.

Lummp a regardé Yardum un bon moment. Puis il a écrit : *Denza n'est pas une chose !*

Lummp attendait avec Yardum et les autres. Une bonne heure plus tard, Ari, Sadida et Ekin sont enfin revenus, mais sans Denza.

— J'ai rattrapé un des mineurs mais il n'avait pas la fille silwok. Il tenait seulement sa couverture, a dit Sadida.

— Est-ce qu'il t'a dit où était l'autre mineur ? a demandé Yardum.

— Oui, a répondu Sadida, en frappant du **poing** dans sa main. Je l'ai fait parler. Le kidnappeur emmène Denza dans une ville sur la côte.

—Pourquoi ? a demandé Ari. Ils vont à Clairefontaine comme nous ?

Sadida a hoché la tête :

— Ils vont la vendre là-bas.

Ari était surpris.

— Comment ça « la vendre » ? Denza est une personne, pas une marchandise.

Sadida a regardé Yardum qui avait le regard froid.

— Il y a beaucoup de choses dans ce monde que vous ne savez pas, a dit Yardum au petit Silwok. Tu n'avais jamais quitté Colombelle avant, pas vrai ?

— C'est dangereux de quitter Colombelle.

— Et pourquoi est-ce que ce serait dangereux ?

— Parce que dans les autres villes, il se passe beaucoup de trucs dangereux, a dit Ari à voix basse.

Le chef a baissé les yeux et a regardé ses pieds. Puis, il a regardé Ari d'un air méchant.

— Dans ce monde, il ne faut jamais oublier une chose : des fois c'est le danger qui vient à nous, a-t-il **grommelé**.

Ari s'est mis à pleurer. *Pourquoi avait-il quitté sa ville ?* Il savait qu'il avait eu raison de vouloir rester chez lui. C'était la faute de Denza. Et maintenant, elle n'était plus là.

— Habille-toi, a dit Yardum, on part pour Clairefontaine ! **Sur-le-champ** !

Révision du chapitre 2

Résumé

Ari, Denza et Lummp arrivent dans la ville de Hauteroche avec les humains. Hauteroche est une ville dangereuse. Dans cette ville de mineurs, il y a beaucoup de voleurs. Le groupe arrive tard alors ils vont passer la nuit dans un hôtel. Ils vont se coucher mais deux inconnus entrent dans la chambre d'Ari, Denza et Lummp et kidnappent Denza. Ari raconte aux humains ce qui s'est passé et ils courent après les kidnappeurs. Les kidnappeurs s'enfuient avec Denza. Yardum dit à Ari, Lummp et aux autres humains qu'ils doivent prendre la route de Clairefontaine sans attendre une minute de plus !

Vocabulaire

la pierre précieuse precious stone

une arme weapon

un affrontement confrontation

se venger to get even, to take revenge

rester en sécurité to stay safe

hocher la tête to nod

Où veux-tu en venir ? What is your point?

faire confiance to trust

menacer to threaten

la silhouette figure

s'enfuir to flee

hausser les épaules to shrug (one's shoulders)

se mettre à la poursuite to chase, to run after

froncer les sourcils to frown

appartenir to belong

le poing fist

grommeler to grumble

sur-le-champ right away, on the spot

Compréhension

Sélectionnez une seule réponse pour chaque question.

6) À Hauteroche, il y a beaucoup de ___.
   a. mineurs et de criminels
   b. Silwoks
   c. chevaux et de pierres précieuses
   d. magasins, de restaurants et de maisons animés

7) Ari et Lummp pensent que Yardum a réussi à avoir les chambres en ___.
   a. donnant de l'argent au patron
   b. donnant sa couronne au patron
   c. menaçant le patron
   d. offrant ses chevaux au patron

8) ___ ne fait pas confiance à Yardum.
   a. Denza
   b. Lummp
   c. Ekin
   d. Ari

9) Les kidnappeurs prennent ___.
   a. Lummp et sa couverture
   b. la couronne
   c. Denza et sa couverture
   d. Denza et sa couronne

10) Selon Sadida, un kidnappeur a dit que les mineurs ___.
    a. allaient tuer Denza
    b. allaient vendre Denza
    c. avaient perdu Denza
    d. voulaient faire travailler Denza

Chapitre 3 – Le monde est un endroit dangereux

Le groupe a mis deux jours pour arriver à Clairefontaine. La ville était belle avec ses plages de sable fin propres et jolies. La mer d'un bleu profond semblait chaude et pleine de poissons et autres créatures. Mais la ville avait quelque chose d'étrange. Il n'y avait presque personne. Il y avait des magasins et des commerces mais il n'y avait personne pour les **faire marcher**. Ils étaient tous fermés.

— Comme c'est étrange, a dit Ari. Oui, c'était **décidément** étrange.

Puis il s'est souvenu qu'il devait se concentrer sur leur problème et ne pas **s'en faire** pour des petits riens. Denza était toujours **portée disparue**. *Peut-être qu'elle est ici, peut-être dans un de ces bâtiments. Peut-être qu'elle est toujours prisonnière des mineurs ou qu'ils l'ont déjà vendue…*

— *Je n'ai jamais rien vu de tel*, a écrit Lummp. *Quand on aura retrouvé Denza, on devrait venir habiter ici. Ici on peut facilement se faire de l'or !*

Ari était d'accord, mais seulement en partie. Clairefontaine avait l'air d'être la ville parfaite mais il ne **se sentait** pas **à l'aise** ici.

— Il y a quelque chose qui ne tourne pas rond ici, a-t-il dit à son ami. T'as pas la même impression ?

Lummp a haussé les épaules. Les Lumox ne **ressentaient** pas grand-chose. Ils n'étaient pas du tout **sensibles.**

Yardum **montrait le chemin** et le groupe avançait dans les rues vides. On aurait dit qu'il savait où il allait.

— Vous êtes déjà venus ici ? a demandé Ari.

— Non.

— Par où est-ce qu'on va commencer à chercher Denza ?

Yardum avait l'air **irrité**. Il a ignoré Ari et a fait signe à Sadida qui s'est approché à cheval de son chef. Lummp avançait devant lui sans faire de bruit.

— Qu'est-ce qui se passe, chef ? a demandé Sadida à Yardum.

Le grand humain en jaune a montré Ari du doigt.

— Explique à ce Silwok où nous allons.

Sadida a regardé Yardum d'un air surpris. Puis, il a haussé les épaules et il s'est tourné vers Ari.

— Nous allons au **marché aux esclaves**, a dit l'homme à la cicatrice. C'est là que se trouve ton amie Denza.

— Comment le sais-tu ? a demandé Ari.

— Je le sais parce que je suis **malin**.

Il a rigolé. Puis, il s'est retourné et s'est éloigné. Ari commençait à avoir peur. Il avait un drôle de pressentiment.

— Dis-moi, comment savez-vous où se trouve le marché, a-t-il demandé à Ekin qui était derrière lui. Vous nous avez dit que vous n'étiez jamais venus ici. C'est vrai ou pas ?

Il y a eu un silence.

— Alors comme ça vous êtes déjà venus ici ? a répété Ari. Vous êtes déjà allés au marché aux esclaves ?

— Tais-toi, Silwok, a ordonné Ekin méchamment et il a donné un coup de talon à son cheval pour le faire aller plus vite.

Alors qu'ils avançaient, Ari regardait autour de lui. Peu à peu, il s'est rendu compte de quelque chose. Il n'avait encore vu personne à Clairefontaine, **pas âme qui vive**. Puis, soudainement, Ari a aperçu quelqu'un. C'était un mineur à la peau pâle qui se dirigeait vers un bâtiment. À l'intérieur de ce bâtiment se trouvait un groupe de mineurs. Ari s'est retourné et a vu par la fenêtre d'un autre bâtiment qu'il y avait d'autres mineurs à l'intérieur. Au loin, il en a aperçu un qui **allait à dos d'âne**.

Qu'est-ce qui se passe ici ? pensait Ari. *Pourquoi est-ce que Yardum et ses hommes ne demandent pas aux mineurs où se trouve Denza ?*
— Halte-là ! a crié Sadida soudainement. On est arrivés !

Sadida montrait quelque chose du doigt. Pas très loin, sur la gauche, il y avait un grand **espace clôturé**. On aurait dit une grande cage pour des animaux. Dans cette cage, il y avait beaucoup de Silwoks et d'autres créatures. Apparemment, ils étaient tous prisonniers.

— Cette petite ville est le plus grand marché aux esclaves de la région, a expliqué Ekin.
— Nous apportons des Silwoks ici. Les mineurs sont prêts à payer **une belle somme d'argent** pour en avoir. Tous les habitants, humains et autres, ont eu peur des affrontements alors ils sont partis.
Puis, Ekin s'est arrêté de parler un instant.

— Regarde là-bas, à gauche. Tu les vois, les Silwoks ? Et regarde, il y a ton amie !

Ari a regardé tous ces prisonniers derrière la clôture, et finalement il a vu Denza.

— Denza ! a-t-il hurlé.

Denza a levé les yeux, d'un air triste. Elle était dans la cage, vivante mais prisonnière. Plein de colère, Ari s'est tourné vers Yardum, qui était tout près de lui, assis sur son cheval.

— Vous travaillez avec les mineurs ! a crié Ari. Vous les aidez !

— Des fois, a dit Yardum, on leur amène un ou deux Silwoks quand on passe par Clairefontaine pour acheter des armes. Les mineurs fabriquent de très bonnes armes. Pas vrai, Ekin ?

— Oui, les meilleures, a dit Ekin en souriant en montrant son arme impressionnante à Ari. Maintenant, descends ! a-t-il ordonné. Son sourire avait disparu.

Les humains ont jeté Ari et Lummp dans la cage. Puis, un des mineurs a fermé la porte à clé et il est parti. Denza s'est précipitée vers ses amis.

— Je pensais que je n'allais jamais vous revoir ! a-t-elle dit. Je suis désolée, tout est de ma faute.

— Non, ne dis pas ça, a répondu Ari en la **prenant dans ses bras**. Il regardait autour de lui. Il y avait au moins une centaine de Silwoks dans la cage.

— Ça fait combien de temps que tu es ici ? a-t-il demandé à l'un d'entre eux.

— Pas longtemps, a dit le jeune Silwok, mais j'ai entendu dire qu'ils allaient nous vendre demain.

— À qui vont-ils nous vendre ? a demandé Ari.

— On ne sait pas ! Au fait, je m'appelle Ked. Et lui là-bas, c'est mon frère, Hakan.

Ked montrait du doigt un tout petit Silwok. Hakan n'avait pas l'air bien du tout.

— Hakan est tombé malade ici, a-t-il continué. Il a besoin qu'on **s'occupe de** lui rapidement.

— Oui, a dit Ari. Il faut qu'on **s'échappe** d'ici.

Ari s'était rendu compte qu'il était l'un des plus vieux Silwoks dans la cage, alors il a compris qu'il devait **prendre les choses en main**.

— Lummp, qu'est-ce qu'on peut faire pour sortir d'ici ? a-t-il demandé en regardant ses amis.

Lummp a froncé les sourcils. Comme Lummp n'aimait pas se battre et qu'il ne savait pas quoi faire, il avait l'air découragé.

Mais, quelques minutes plus tard, Lummp a remarqué quelque chose. Ari s'est aperçu que Lummp fixait attentivement le mineur qui les avait enfermés dans la cage. Celui-ci s'est approché de son âne et a fait quelque chose que Lummp a vu, mais pas Ari ! Lummp a souri et a hoché la tête. Il a sorti son bloc-notes et il a écrit : *la nuit tombe.* Puis il a dessiné un âne et il a souri. *Attendons la nuit. Tout ira bien. Lummp va nous sortir de là.*

Ari and Denza ont lu le message. Ils n'y comprenaient rien. Lummp souriait en leur montrant du doigt la phrase : *Lummp va nous sortir de là.*

Ari et Denza ont alors regardé Yardum et ses hommes qui discutaient avec quelques mineurs. Les humains rigolaient et les mineurs étaient en train de payer Yardum. Puis Sadida a sorti la couronne de son sac. Les mineurs étaient tellement impressionnés par cet objet de valeur qu'ils ont décidé de l'acheter.

— Le sale **menteur** ! a dit Denza. Je suis sûre qu'il a volé la couronne comme il kidnappe les gens !

À ce moment-là, Yardum a regardé dans sa direction, comme s'il l'avait entendue. Il a souri. Denza l'a regardé froidement et **a craché** par terre.

Plus tard dans la nuit, les humains étaient partis. Ils avaient pris leur argent et ils avaient quitté la ville. Tous les Silwoks dormaient par terre. Les mineurs étaient tous rentrés chez eux, sauf quelques gardes. La plupart d'entre eux étaient en train de se détendre et de jouer aux cartes. Ils n'avaient jamais eu d'ennuis avec les Silwoks dans la cage. Quelques-uns de leurs ânes étaient à côté de la cage, sans être attachés. Ils étaient **en liberté**.

Quand tout était bien calme, Lummp a tapé sur l'épaule d'Ari. Puis Ari a réveillé Denza et Ked qui ne dormaient pas vraiment. Ils **faisaient semblant**.

Doucement, tous les prisonniers se sont levés. Lummp, le Lumox, a tendu la main et a commencé à parler dans la langue des Lumox. Sa main s'est alors mise à **rougeoyer**. Il a fait signe aux ânes et les ânes ont regardé sa main. Très **prudemment**, les ânes se sont avancés vers la lumière pour voir ce que c'était. Comme tous les Lumox, Lummp était très gentil avec les animaux. Les ânes avaient l'air de comprendre la langue bizarre des Lumox, comme s'ils savaient communiquer.

Lummp a délicatement tendu son bras pour attraper le sac qu'un des ânes avait sur le dos. Il a mis la main dedans et a sorti la clé. Depuis tout ce temps, elle était restée dans le sac !

— Ah, c'est donc ça que tu as vu cet après-midi, mon cher ami ! a dit Ari, très content. Tu avais raison. *Lummp va nous sortir de là.*

Lummp faisait oui de la tête, il était **fier** de lui. Il a donné la clé à Ari qui a tout de suite ouvert la cage. Comme il était très tard maintenant, les gardes étaient en train de dormir et le feu était faible. Ari et Denza ont alors pris les armes des mineurs délicatement, en faisant très attention, et ils les ont ensuite données aux autres prisonniers. Ils ont rassemblé tous les ânes et se sont éloignés de la cage très lentement. Ils s'échappaient de Clairefontaine sans faire un bruit.

Demain, ils allaient éviter Hauteroche et ils retourneraient à Colombelle. Ari, Denza et Lummp raconteraient à leurs amis et leurs familles ce qui s'était passé. Puis, tous les autres prisonniers rentreraient chez eux, mais pas pour longtemps ! Bientôt, toutes les communautés silwoks allaient former une alliance. Bientôt, ils s'uniraient pour affronter les mineurs... et les humains aussi, s'il le fallait ! Il fallait qu'ils se protègent les uns les autres.

Et Ari, Denza et Lummp, dans tout ça ? Ils étaient contents d'être revenus chez eux **sains et saufs**. Leur aventure avait été très dangereuse, mais ils avaient appris deux leçons importantes : le monde *est vraiment* un endroit dangereux et il ne faut *jamais, jamais* faire confiance à un humain !

Révision du chapitre 3

Résumé

Ari, Lummp et les humains arrivent à Clairefontaine. C'est une très belle ville mais elle a quelque chose d'étrange. Il n'y pas d'habitants, pas de Silwoks ou d'autres créatures. Ils n'y rencontrent que des mineurs. Très vite, Ari apprend le secret de Yardum. Ça fait longtemps que Yardum vend des prisonniers aux mineurs qui ont besoin de travailleurs. Il allait ainsi leur vendre Denza. Quand ils arrivent sur le marché aux esclaves, Ari et Lummp retrouvent très vite Denza. Mais malheureusement, ils se font tous enfermer dans une cage avec d'autres Silwoks. Pendant la nuit, Lummp réussit à prendre la clé qui se trouve dans un sac sur un âne et tous les prisonniers s'échappent. Les amis retournent chez eux, mais pas pour longtemps. Bientôt ils s'uniront avec les autres Silwoks. Ensemble, ils affronteront les humains et les mineurs pour se protéger.

Vocabulaire

faire marcher to run (something)
décidément really
s'en faire to worry
porté disparu reported missing
se sentir à l'aise to feel comfortable
ressentir to feel (an emotion)
sensible sensitive
montrer le chemin to lead the way
irrité irked
le marché aux esclaves slave market
malin smart

pas âme qui vive not a living soul

aller à dos d'âne to ride a donkey

un espace clôturé fenced area

une belle somme d'argent a tidy sum

prendre dans ses bras to hug

s'occuper de to look after

s'échapper to escape

prendre les choses en main to take control of a situation

le menteur liar

cracher to spit

en liberté free to roam

faire semblant to pretend

rougeoyer to glow bright red

prudemment carefully

fier proud

sain et sauf safe and sound

Compréhension

Sélectionnez une seule réponse pour chaque question.

11) Laquelle de ces déclarations n'est PAS vraie ?

    a. Ari se sent à l'aise à Clairefontaine.

    b. Ari pense que Clairefontaine est un bel endroit.

    c. La ville est presque vide.

    d. Clairefontaine semble être un bon endroit pour se faire de l'argent.

12) Les mineurs font de très bonnes ___.

    a. armes

    b. couronnes

    c. affaires

    d. clôtures

13) Yardum et sa bande vendent ___ aux mineurs.
   a. des chevaux
   b. des couvertures
   c. des couronnes neuves
   d. des esclaves

14) Lummp voit un mineur qui met une clé dans ___.
   a. un sac sur un âne
   b. une couverture sur un cheval
   c. la poche d'un autre mineur
   d. la main de Sadida

15) Quand les Silwoks rentrent chez eux, ils ___.
   a. font la fête
   b. affrontent les humains
   c. s'unifient pour se battre
   d. retournent à Hauteroche

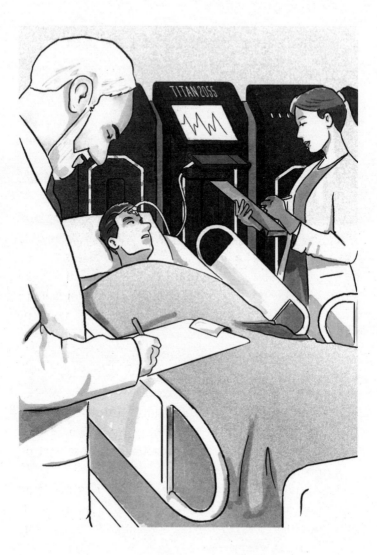

Mon ami le super-ordinateur

Chapitre 1 – Une opération réussie

— Félicitations, Thomas, m'a dit la docteure française en me souriant.

Elle est jeune pour être docteure, ai-je pensé, *mais elle a l'air très intelligente. Et elle est très charmante aussi.*

— L'opération est un succès. Tout s'est très bien passé, votre cerveau est désormais connecté **chirurgicalement** à notre super-ordinateur.

—Oh, ai-je dit. Je me sentais fatigué. L'opération avait été longue ! Je peux avoir un verre d'eau, s'il vous plaît ?

— Non, je suis vraiment désolée, mais vous ne pouvez pas boire pour le moment, Thomas. Comment vous sentez-vous ? a-t-elle demandé, l'air **inquiète**.

— J'ai soif, mais à part ça, je me sens bien. C'est bizarre mais je ne **ressens** aucune douleur.

— C'est bon signe, très bon signe.

J'étais allongé sur un lit d'hôpital en Suisse. Il y avait trois personnes dans ma petite chambre… et un énorme ordinateur noir.

L'ordinateur était plus gros qu'un grand frigo. C'était un super-ordinateur, l'ordinateur le plus rapide et le plus intelligent d'Europe : le Titan 2055. Le nombre 2055 **faisait référence** à son année de création. Et maintenant, j'étais connecté à cet ordinateur.

—C'est normal que vous ne ressentiez aucune douleur.

Elle paraissait sûre d'elle. Elle était très concentrée sur la machine et ses **écrans.**

— Normalement, ce type d'opération est sans douleur, a-t-elle expliqué.

Elle s'appelait Cécile Benoît. Elle faisait partie de l'équipe qui avait créé Titan 2055.

— Reposez-vous maintenant. Nous allons bientôt commencer **le téléchargement des données.**

J'ai regardé l'énorme ordinateur. Il contenait plus de connaissances que toutes les bibliothèques du monde entier. À côté de Titan 2055, mon cerveau paraissait tout petit et incapable.

— Quelle quantité de données allez-vous télécharger, Dre Benoît ? ai-je demandé.

— Tout ! a interrompu le collègue de la Dre Benoît, le professeur Beaumont.

Le professeur Beaumont était bien plus âgé qu'elle. Il avait une barbe blanche et portait des lunettes.

— Et pourquoi diable devrions-nous attendre ? a-t-il ajouté, en regardant autour de lui, l'air surpris. Votre cerveau peut **supporter** le téléchargement de *toutes* les données.

La Dre Benoît l'a regardé d'un drôle d'air.

— Non, ne l'écoutez pas, Thomas. Il plaisante. Nous serons bien sûr très prudents. Nous téléchargerons autant de données que possible mais nous avons l'intention de le faire **en douceur**. Nous ne pouvons pas tout télécharger en une journée.

— Sinon, je pourrais en mourir ou est-ce que mon cerveau serait vraiment capable de tout supporter ?

Le professeur Beaumont nous a regardés tour à tour, la jeune docteure et moi.

— Je ne pense pas que vous pourriez en mourir mais ça, c'est juste mon avis. Et ce n'est pas moi qui décide !

— Non, vous ne pourriez pas en mourir, Thomas, a dit la Dre Benoît. Mais vous pourriez devenir fou ou bien cela pourrait **abîmer** votre cerveau. Nous ne savons pas la quantité de données que votre cerveau est capable d'absorber, alors nous devons y aller en douceur. Vous n'aurez pas mal, je vous le promets. Elle m'a souri. Vous nous **coûtez une fortune**, vous savez, alors nous ne voulons pas courir de risque, m'a-t-elle dit d'un air complice en me donnant une petite tape sur la tête.

Un peu plus tard, le téléchargement des données débutait. Les médecins ont commencé à transférer les informations lentement de Titan 2055 jusqu'à mon cerveau. Au début, je n'ai rien remarqué de spécial mais très vite, je me suis rendu compte que j'avais stocké de nouvelles informations. Elles avaient été transférées dans ma mémoire à long-terme. Les informations étaient nouvelles mais il me semblait que j'avais toutes ces connaissances depuis longtemps.

L'ordinateur me transmettait différents types de données : des maths, de l'histoire, des sciences, des mots en langues étrangères. J'apprenais aussi la médecine, les procédures policières, les techniques de combat, des techniques de théâtre… Il y **en avait pour tous les goûts** !

Trois heures ont passé. La Dre Benoît et le professeur Beaumont étaient restés assis à côté de moi en silence pendant tout le transfert. Mais il y avait aussi une troisième personne dans ma chambre, une sorte d'**investisseur**. Il était très âgé et il portait un costume gris qui avait dû coûter une fortune. Il avait aussi une canne pour l'aider à marcher. Je ne sais pas pourquoi mais je savais que c'était le directeur d'EXCO, la société suisse qui possédait l'hôpital et qui avait financé le super-ordinateur ainsi que mon opération.

— Est-ce que vous avez bientôt fini, Cécile ? a demandé l'homme, à voix basse. Vous aviez dit trois heures. Il a montré l'horloge du doigt. Ça fait trois heures pile.

— Oui, Monsieur. Nous allons bientôt arrêter. Puis, nous le déconnecterons de l'ordinateur.

— Et quand est-ce que vous aurez terminé les tests ?

Il avait investi des millions d'euros dans la recherche et le développement de cette **expérience** et il semblait impatient d'en connaître les résultats.

— Nous testerons Thomas ce soir ou demain. Si son cerveau a pu absorber les informations que nous avons téléchargées dans sa mémoire à long-terme, les tests devraient être positifs, a dit la Dre Benoît.

— Puis, nous le reconnecterons, a précisé le professeur Beaumont. Nous transfèrerons plus de données demain, encore plus après-demain et ainsi de suite…

— Excellent, a dit l'investisseur avant de se lever. Bon travail, Thomas, m'a-t-il dit d'un air bizarre en se levant pour partir.

— Merci, Monsieur.

Curieusement je ne me souvenais pas du nom de cet homme. Je trouvais ça étrange parce que je connaissais le nom de sa société, le type de société que c'était. Je connaissais même le contenu de ses **déclarations d'impôts** de l'année dernière. Mais je ne savais pas du tout comment cet homme s'appelait.

— Je suis désolé, mais je ne connais pas votre nom.

— Ce n'est pas grave, a-t-il dit en quittant la chambre. Ça ne te sera pas utile.

La Dre Benoît a regardé l'investisseur partir puis elle s'est tournée vers le professeur.

— Vous êtes prêt à commencer la déconnexion ? a-t-elle demandé alors qu'elle était en train d'examiner **des graphiques.**

— Vous êtes sûre de ne pas vouloir transférer un peu plus d'informations ? a demandé le professeur Beaumont

Elle a secoué la tête.

— Ça suffit pour aujourd'hui. Nous ne pouvons pas courir le moindre risque. Arrêtons le téléchargement des données et déconnectons-le.

Le professeur Beaumont a appuyé sur l'un des boutons de l'énorme machine et il m'a regardé :

— Bonne nuit, Thomas.

J'ai senti que je m'endormais rapidement. Et puis tout est devenu noir. Je ne sais pas combien de temps j'ai dormi. J'ai fait de longs rêves désagréables. J'ai rêvé de guerres et de **souffrances**, de morts et de destructions.

J'ai fini par me réveiller. Quand j'ai ouvert les yeux, j'ai vu au-dessus de moi le ciel et les nuages.

C'est étrange, ai-je pensé, surpris. *Je suis encore en train de rêver ou quoi ? Où est passé le plafond ?*

J'ai tourné la tête et là, j'ai vu ma chambre. Elle avait été complètement détruite. Aussitôt, je me suis assis sur le bord de mon lit et j'ai regardé autour de moi. J'ai vu la Dre Benoît. Son corps sans vie **était allongé** sur le sol. Le professeur Beaumont n'était plus là. Seul

Titan 2055, le super-ordinateur, n'avait pas été détruit. Il n'avait même pas été abîmé et était toujours en train de me transférer ses données.

J'ai continué de regarder autour de moi. L'hôpital tout entier avait été détruit. Une énorme bombe ou quelque chose de ce type avait explosé et avait détruit le bâtiment pendant mon sommeil. Au loin, j'ai entendu quelqu'un crier à l'aide. Plus loin encore, j'ai entendu les sirènes des voitures de police qui arrivaient.

C'est probablement une attaque terroriste, ai-je pensé. Puis, j'ai eu **des idées noires**. *Est-ce que tout cela est arrivé à cause de moi ? Est-ce que quelqu'un a essayé de me tuer ?*

Je me suis levé pour mieux voir tout autour de moi. En me dirigeant vers l'ordinateur, je me suis dit : *Pauvre Dre Benoît. Elle était si jeune, si charmante. Elle ne **méritait** pas de mourir. Aucune de ces victimes ne le méritait.*

La personne responsable de tout ça a fait une grosse erreur, me suis-je dit en me déconnectant de Titan 2055. *Je suis toujours en vie et je vais trouver celui ou celle qui a tué tout ce monde. Et cette personne va le payer cher !*

Révision du chapitre 1

Résumé

Thomas est dans un hôpital en Suisse. Il a été connecté chirurgicalement à un super-ordinateur par la Dre Benoît et son collègue, le professeur Beaumont. L'opération permet aux médecins de transférer des informations de l'ordinateur Titan 2055 jusqu'au cerveau de Thomas. Un investisseur est aussi dans la chambre mais il part avant la fin du transfert. Thomas s'endort alors que les médecins le déconnectent de l'ordinateur. Quand il se réveille, il voit que l'hôpital a été détruit par une bombe, tuant la Dre Benoît. Thomas veut savoir ce qui s'est passé.

Vocabulaire

chirurgicalement surgically

inquiet worried

ressentir to feel

faire référence to refer

l'écran (m) monitor

le téléchargement des données data download

supporter to handle, to withstand

en toute sécurité safely

abîmer to damage

coûter une fortune to be worth a fortune

en avoir pour tous les goûts to include something for everybody

l'investisseur (m) investor

l'expérience (f) experiment

la déclaration d'impôts tax declaration

le graphique chart

la souffrance suffering

être allongé to be lying

l'idée noire (f) dark thought

mériter to deserve

Compréhension

Sélectionnez une seule réponse pour chaque question.

1) Quelle sensation est-ce que Thomas ne ressent pas ?
   a. la surprise
   b. la soif
   c. la fatigue
   d. l'inquiétude

2) Pourquoi est-ce que Titan 2055 porte ce nom ?
   a. à cause de sa couleur
   b. en référence à son année de fabrication
   c. parce qu'on est en 2055
   d. Aucune des suggestions ne convient.

3) Pourquoi est-ce que la Dre Benoît veut être prudente ?
   a. Ils ont investi beaucoup d'argent dans Thomas.
   b. Ils ont dépensé beaucoup d'argent pour Titan.
   c. Elle est amoureuse de Thomas.
   d. Son collègue veut aller plus lentement.

4) Pourquoi est-ce que la Dre Benoît suggère d'arrêter après trois heures ?
   a. L'investisseur s'ennuie et veut faire une pause.
   b. Thomas est fatigué et il veut arrêter.
   c. Trop d'informations pourrait être dangereux pour Thomas.
   d. Trop d'informations pourrait endormir Thomas.

5) Selon Thomas, qu'est-ce qui s'est peut-être passé à l'hôpital ?

a. un grand combat

b. un incendie

c. un accident

d. une attaque terroriste

Chapitre 2 – Un verre d'eau

— Avez-vous un souvenir de l'explosion, Monsieur Parmentier ? m'a demandé l'homme **vêtu** de bleu.

— Je vous l'ai déjà dit, je ne me souviens de rien.

J'étais assis dans une petite pièce du commissariat avec cet homme. Il y avait un grand miroir au mur et une caméra était pointée sur moi. Il y avait aussi une table en métal qui me séparait de l'agent de police. Je me suis appuyé sur la table et j'ai répété :

— Je ne me rappelle rien parce que j'étais en train de dormir, ai-je dit avant d'ajouter : et je vous en prie, appelez-moi Thomas.

Une policière **enregistrait** la conversation. Elle avait une **oreillette**. Quelqu'un lui soufflait ce qu'elle devait me demander. Quelqu'un qui était assis de l'autre côté du miroir.

— Donc vous ne savez pas du tout ce qui a causé l'explosion à l'hôpital ? m'a-t-elle demandé. Elle avait un tout petit accent allemand. Pas la moindre idée ?

J'ai regardé la caméra qui était en train d'enregistrer mon **interrogatoire**. Puis je l'ai regardée.

— La police ne devrait pas **jouer aux devinettes**, ai-je dit. Est-ce que moi, j'ai mon idée sur la question ? Oui, en effet, j'ai bien ma petite idée. C'est la personne qui est à la tête de la société.

— La société ? Mais de quelle société parlez-vous ? m'a-t-elle demandé. La société EXCO ?

— De quelle autre société pourrait-il s'agir ? ai-je répondu en secouant la tête. Mais bien sûr que je parle du **dirigeant** de la société qui a financé l'expérience.

La policière m'a **dévisagé.**

— Ça n'a pas de sens, a-t-elle dit en me regardant gravement. Pourquoi est-ce qu'il voudrait détruire sa propre société ?

C'était à mon tour de la regarder d'un air grave.

— Comment savez-vous que le dirigeant de cette société est un homme ? Vous venez de dire « il ».

Elle **a cligné des yeux** et a ignoré ma question.

— Continuons, Monsieur Parmentier, si vous le voulez bien. Est-ce que, selon vous, c'est une coïncidence si vous, vous êtes en vie et que les autres sont morts ?

— Je ne pense vraiment pas que c'était un accident, ai-je dit en me levant. Je ne crois pas aux coïncidences. Une bombe a détruit l'hôpital tout entier et moi, je suis en vie. C'était le but, non ? Et je vais trouver pourquoi.

J'en avais fini avec l'interrogatoire. Quand la policière m'a demandé de me rasseoir, j'ai refusé.

— Je vous ai demandé de vous asseoir, Monsieur Parmentier, a-t-elle répété.

— Et moi, je vous ai demandé de m'appeler Thomas, lui ai-je rappelé.

Je me suis avancé vers le miroir que j'ai fixé un bon moment.

— Vous savez très bien qu'il y a trois personnes assises de l'autre côté de ce miroir, ai-je dit, tout en continuant de fixer le miroir. L'une d'entre elles travaille pour EXCO. Et cet homme vous souffle les questions que vous devez me poser.

— Qu'est-ce qui vous fait dire cela ? a-t-elle demandé. Son visage en disait long. Je savais que j'avais raison.

— Je m'en vais, ai-je dit. L'interrogatoire est terminé. Ouvrez la porte.

— Thomas, nous avons encore des questions à vous poser, a-t-elle dit nerveusement.

— Non, ça suffit, j'en ai assez ! Vous me posez des questions mais vous avez déjà les réponses, ai-je expliqué alors que j'essayais d'ouvrir la porte.

La porte était fermée à clé. Il y avait **un digicode** à côté. Sans réfléchir, j'ai **mis un coup de poing** sur le digicode et la porte s'est ouverte.

— Vous savez qui a fait exploser le bâtiment et vous savez même pourquoi, ai-je dit en me tournant vers elle. Elle ne m'a pas empêché de partir.

— Pourquoi alors ? a-t-elle demandé.

J'ai pointé ma tête du doigt.

— Pour terminer sa création le plus vite possible, ai-je expliqué en sortant de la pièce.

Il y avait une station de radio à l'autre bout de la ville. J'ai sauté dans un taxi et j'ai demandé au chauffeur de m'y conduire aussi vite que possible.

Les journalistes ont accepté de me parler et nous avons arrangé une conférence de presse qui se tiendrait un peu plus tard dans l'après-midi. De nombreuses radios et des magazines avaient envoyé leurs journalistes pour y assister. J'avais décidé de leur donner un scoop incroyable. Et gratuitement en plus !

— Vous ne voulez pas d'argent en échange de votre histoire ? m'ont demandé plusieurs journalistes. Ils avaient du mal à y croire.

— Non, je veux simplement dire la vérité au public, ai-je annoncé. Il faut que tout le monde sache ce qui s'est vraiment passé. Le patron d'EXCO a tué la Dre Benoît. Il a essayé de faire passer l'explosion pour une attaque terroriste mais je sais que c'est lui.

— Mais dans quel but ? a demandé un journaliste.

— Pour mener son expérience à son terme le plus vite possible. On m'a connecté à un super-ordinateur pendant plusieurs heures. En fait, c'était déjà trop. Ma docteure, la Dre Benoît, voulait être prudente. Elle ne voulait télécharger que de petites quantités de données pour voir comment mon cerveau allait réagir. Et quand elle a essayé d'arrêter l'expérience...

— Mais pensez-vous vraiment que..., a commencé un journaliste.

— Je ne pense pas, ai-je interrompu, j'en suis convaincu ! Je sais que le patron d'EXCO voulait me garder connecté au super-ordinateur pendant bien plus longtemps. Le professeur Beaumont et lui voulaient accélérer l'expérience. Ils voulaient voir la quantité d'informations qu'un cerveau humain peut contenir.

— Et quelle est cette quantité ? a demandé un autre journaliste.

J'ai souri au journaliste.

— Une bien trop grande quantité. J'ai réfléchi un instant puis j'ai continué. Vous vous appelez Michel André Beaulieu et vous êtes marié. Vous avez une fille de douze ans. Et j'ai continué en disant à cet inconnu son âge, son adresse, le nom et l'adresse de ses parents. Je savais dans quelle université il avait étudié, ses notes et le nom de ses amis sur les réseaux sociaux. J'ai terminé en lui donnant le numéro de la **plaque d'immatriculation** de sa voiture et le nombre d'**amendes** qu'il avait eues l'année d'avant. Je lui ai même dit d'arrêter de fumer.

— Comment savez-vous que je fume ? a-t-il demandé.

— C'est dans votre **dossier médical**, ai-je expliqué en souriant.

Après une courte **enquête**, le patron de la société EXCO n'a pas été arrêté. Selon le rapport de police, il n'y avait aucune preuve de son implication dans l'explosion. Apparemment, cette explosion était d'origine accidentelle, pas **criminelle**.

Une fois le rapport rendu public, l'investisseur m'a demandé de venir le voir en privé dans son bureau.

— **Fiston**, tu ne peux pas continuer à faire des **accusations mensongères**, a-t-il dit, en sortant une bouteille de whisky du mini-bar de son bureau pour m'en verser un verre.

— Je ne veux pas de votre whisky, ai-je dit, en le regardant d'un air suspicieux. Je ne vous fais pas confiance.

— Comme tu veux, a-t-il dit en s'asseyant sur la chaise qui se trouvait près de lui. Mais si tu dis quoi que soit d'autre sur mon compte, je vais te **poursuivre en justice**.

— Allez-y. Faites-le. Je n'ai rien à perdre, ai-je dit, confiant.

Je savais qu'il mentait. Il n'avait aucune intention de me poursuivre en justice, il essaierait plutôt de me tuer pour obtenir mon silence.

— C'est drôle, vous savez. Je sais presque tout sur tout le monde mais je ne me rappelle jamais de votre nom. Même quand on me le dit, je ne sais pas pourquoi mais je l'oublie. C'est bizarre, vous ne trouvez pas ?

— Je ne sais pas, a-t-il dit calmement. Peut-être que c'est une anomalie, une sorte d'erreur dans le fonctionnement de ton cerveau. Avec tant d'informations dans le **crâne**, peut-être que tu oublies certaines choses.

— Ouais, c'est ça. Dommage que la docteure soit morte, hein ? ai-je dit en le regardant de côté alors que je m'avançais vers la fenêtre.

— Thomas, je t'ai déjà dit que je n'ai rien à voir avec la mort de la Dre Benoît. Arrête de m'accuser à tort.

— D'accord mais où est le professeur Beaumont alors ? On n'a jamais retrouvé son corps.

— Ah, ça, c'est une bonne question ! L'homme s'est penché vers moi et m'a versé un verre d'eau d'une bouteille qui se trouvait sur la table à côté de lui. La police m'a dit qu'ils étaient à sa recherche. Peut-être que c'est lui le responsable après tout ?

— Vraiment ? C'est ce que vous pensez ? ai-je dit d'un ton sarcastique.

Cet homme était franchement incroyable ! Le professeur Beaumont et lui travaillaient main dans la main, je le savais, mais je ne savais pas pourquoi.

L'homme s'est avancé vers moi et m'a tendu le verre d'eau.

— Bois au moins un peu d'eau.

J'ai regardé le verre. Il m'a regardé. J'avais l'impression qu'il voulait vraiment que je boive ce verre d'eau.

— D'accord, ai-je dit, en lui prenant le verre de la main gauche.

Il s'est avancé d'un pas ou deux pour me le donner. J'ai alors passé mon pied droit derrière lui pour lui **faire un croche-pied**. Avec ma main droite, je lui ai poussé l'épaule le plus fort possible. Il **a trébuché** et est tombé lourdement par terre. Je lui ai sauté dessus et je lui ai versé l'eau dans la bouche. Il a essayé de la **recracher** mais je lui gardais la bouche fermée et le nez bouché. Il a fini par l'avaler. Son corps s'est mis à trembler pendant quelques minutes : l'eau était **empoisonnée** ! Puis il a arrêté de trembler... à tout jamais.

— C'est marrant, n'est-ce pas ? ai-je dit en regardant l'homme mort. On dit souvent qu'on devrait boire plus d'eau mais voyez ce qui arrive quand on le fait.

Je me suis relevé, je lui ai tourné le dos et je suis rapidement sorti de la pièce.

Révision du chapitre 2

Résumé

Thomas est interrogé par la police. Il voit que l'agent qui l'interroge porte une oreillette. Il en conclut que quelqu'un d'EXCO lui souffle toutes les questions et il décide alors de partir. Il organise une conférence de presse. Il dit aux journalistes qu'il pense que le patron d'EXCO est responsable de l'explosion de l'hôpital. La police enquête et conclut qu'il n'y a pas eu d'acte terroriste ou criminel. Le patron d'EXCO invite Thomas à venir le voir dans son bureau. Il lui dit que ses accusations mensongères doivent cesser ou bien qu'il poursuivra Thomas en justice. L'homme offre un verre d'eau à Thomas mais Thomas ne lui fait pas confiance. Il force l'homme à le boire. L'homme meurt après avoir bu l'eau empoisonnée et Thomas s'en va.

Vocabulaire

vêtu dressed

enregistrer to record

l'oreillette (f) earpiece

l'interrogatoire (m) police interview

jouer aux devinettes to play guessing games

le dirigeant company director

dévisager to stare at someone

cligner des yeux to blink

le digicode electronic keypad

mettre un coup de poing to punch

la plaque d'immatriculation licence plate number

l'amende (f) fine, ticket

le dossier médical medical file

une enquête investigation

fiston (colloquial) son

accusations mensongères false accusations

poursuivre en justice to sue

le crâne skull

faire un croche-pied to trip someone up

trébucher to trip

recracher to spit out

empoisonné poisoned

Compréhension

Sélectionnez une seule réponse pour chaque question.

6) Thomas parle aux journalistes parce qu'il veut ___.

    a. vendre son histoire pour de l'argent

    b. devenir célèbre

    c. rencontrer le patron d'EXCO

    d. dire au public la vérité sur l'explosion

7) Pourquoi est-ce que Thomas sait tout sur le journaliste ?

    a. Les informations ont été téléchargées dans son cerveau.

    b. Thomas a lu le dossier de l'homme pendant la pause-déjeuner.

    c. Thomas est allé à l'université avec lui.

    d. Aucune des suggestions ne convient.

8) Que pense Thomas à propos du professeur Beaumont ?

    a. Il n'est pas du tout impliqué dans l'explosion.

    b. Il travaille maintenant pour Titan 2055.

    c. Il est mort.

    d. Il est le complice du dirigeant d'EXCO.

9) Pourquoi est-ce que le dirigeant veut offrir un verre à Thomas ?

a. Il pense que Thomas a soif après son opération.

b. Il sait que Thomas se sent fatigué et frustré.

c. Il veut faire du mal à Thomas.

d. Il veut poursuivre Thomas en justice.

10) Comment est-ce que Thomas fait boire l'eau empoisonnée au patron ?

a. Il le menace.

b. Ils boivent tous les deux de l'eau.

c. Thomas échange les verres.

d. Thomas lui verse de l'eau dans la bouche.

Chapitre 3 – Changement d'idée

*Génial ! La police est maintenant **à mes trousses**,* ai-je pensé. Je n'avais pas l'intention de tuer le patron d'EXCO. Je lui avais juste fait boire le verre d'eau qu'il m'avait lui-même versé. *Est-ce que cela faisait de moi un criminel ?* Je ne le savais pas. Et en fait, tout ça n'avait aucune importance. J'étais **en fuite** maintenant. Si la police ne m'attrapait pas, c'est EXCO qui le ferait.

Tout ce que j'avais voulu faire, c'était dire au monde entier ce qui m'était arrivé mais je n'avais pas eu l'occasion de finir mon histoire. Je n'avais pas pu raconter comment je n'étais plus tout à fait humain à présent. Le téléchargement des données de Titan 2055 avait fait de moi exactement ce qu'EXCO souhaitait : un super-humain.

La Dre Benoît était morte et je ne pouvais pas défaire ce qui avait été fait. Le seul qui pourrait peut-être m'aider, c'était le professeur Beaumont. Il était toujours dans la nature mais je savais que je finirais par le retrouver : j'étais devenu super intelligent. En fait, j'étais la créature vivante la plus intelligente sur Terre. Bon… Sans compter Titan car il n'était pas vivant… Du moins, pas encore.

En fin de compte, il ne m'a fallu que deux jours pour **mettre la main sur** Beaumont. Il se cachait à Guam, une île du Pacifique. C'était un endroit idéal pour se cacher, très loin de la Suisse, mais le problème pour Beaumont, c'était que l'île était toute petite. Un étranger se ferait repérer en un rien de temps. Et comme j'avais accès à toutes ses transactions bancaires, ses réservations d'hôtel, ses locations de voiture et tout le reste, ça a été un jeu d'enfant de retrouver sa trace : le seul point négatif de Guam, c'est qu'une fois qu'on y est, on ne peut pas facilement en partir.

— Combien vous a-t-il payé, ai-je demandé, le genou sur la **poitrine** de Beaumont.

— Laissez-moi, a-t-il supplié, je ne peux pas respirer !

— Si vous pouvez parler, c'est que vous pouvez respirer, ai-je dit, sans pitié. Allez, dites-le maintenant !

— Vous voulez dire Zulain ?

— Le patron d'EXCO ? C'est comme ça qu'il s'appelle ?

— Oui, mais vous n'allez pas vous en souvenir. C'est programmé. Il ne veut pas que vous sachiez son nom.

— Ah, je vois. Vous étiez donc complices tous les deux ?

— Oui, a répondu Beaumont, à voix basse.

— Plus besoin de **vous faire du souci** pour ça maintenant. Il est mort.

Beaumont avait l'air choqué.

— Vous l'avez tué ?

Je l'**écrasais** en appuyant de plus en plus fort sur sa poitrine. Il a poussé un cri.

— Non, je n'ai tué personne, ai-je dit, à voix haute. Je lui ai simplement fait boire le verre d'eau qu'il m'avait donné. L'eau était empoisonnée.

— Vous l'avez tué alors, a dit le professeur, qui **n'en croyait pas ses oreilles**. Puis il m'a regardé et m'a dit, plein de rage :

— Ne cherchez pas d'excuses. Vous êtes un **assassin**.

— Vous aussi ! ai-je dit, en me levant. Vous avez aidé le patron d'EXCO à faire exploser l'hôpital, c'est bien ça ?

— Non, a-t-il dit, en secouant la tête. Je vous le **jure**. Je ne savais pas qu'il allait le faire.

— Mais vous êtes parti. Vous n'étiez pas là quand la bombe a explosé.

— Après avoir quitté l'hôpital, Zulain m'a appelé pour me demander de le retrouver dehors.

Beaumont essayait de se relever. Il haletait.

— Je suis allé le voir et c'est à ce moment que l'explosion a eu lieu. Après ça, je me suis enfui. J'avais trop peur.

— Peur de quoi au juste ? ai-je demandé.

— Peur que la police m'accuse. Exactement comme vous êtes en train de le faire.

— Avouez que ça a l'air suspect. Vous avez quand même fui la scène de l'explosion.

Le professeur s'est finalement redressé sur ses vieilles jambes. Il cherchait ses lunettes. Je les avais dans les mains.

— Il le fallait, a-t-il dit à voix basse. Je n'avais pas le choix.

— Bon, moi, ce que je veux savoir, c'est comment revenir en arrière, défaire ce que vous avez fait ? ai-je dit en colère. Je ne veux pas être aussi intelligent. Je n'arrive pas à réfléchir. J'ai trop d'informations dans le cerveau. Aucune pensée n'est la mienne. Je ne suis plus moi-même.

— Vous savez, il y en a beaucoup qui aimeraient être à votre place, moi **y compris**.

— C'est parce qu'on ne se ressemble pas, ai-je dit doucement. J'essayais de me calmer. Si vous étiez comme moi, vous comprendriez. C'est affreux. La Dre Benoît avait raison : vous auriez dû faire le téléchargement plus lentement. J'ai trop d'informations dans le crâne.

Beaumont a soupiré.

— Que voulez-vous, Thomas ? Ce qui est fait est fait. Le laboratoire est détruit, de même que tout l'équipement et tous les documents de recherche. Cécile est morte. Impossible de revenir en arrière.

Je me **suis tu** un instant. Il avait raison. On ne pouvait plus revenir en arrière et défaire ce qui avait été fait. Finalement, j'ai levé les yeux.

— L'équipement n'a pas été entièrement détruit, ai-je dit, en lui tendant ses lunettes. Titan 2055 est encore là, intact.

— Dans ce cas, c'est à lui que vous devriez parler plutôt qu'à moi, a répondu Beaumont en nettoyant ses lunettes.

— C'est marrant, ai-je dit, en me retournant pour partir, c'est justement ce que j'étais en train de me dire.

Le vol retour pour la Suisse a été très long et j'étais content d'atterrir. Je voyageais sous une fausse identité pour que la police ne puisse pas me retrouver. À mon arrivée, je suis allé directement voir Titan. On l'avait transporté hors de l'hôpital, bien entendu, mais je savais où le trouver : au **siège** d'EXCO.

J'ai attendu jusqu'à tard dans la nuit, puis **je me suis introduit** dans le bâtiment. Titan était enfermé dans une pièce sécurisée mais j'ai pu y entrer sans aucun problème : j'avais accès aux données de presque tous les ordinateurs du monde. J'ai allumé le système informatique et j'ai commencé à parler à Titan dans sa propre langue, un langage informatique.

— Beaumont m'a dit quelque chose d'intéressant, ai-je dit à Titan. Il a dit que nous ne pouvions pas faire marche arrière.

— Correct. Voyager dans le temps n'est pas possible avec nos ressources actuelles.

— Donc, juste pour **en avoir le cœur net**, il n'y a aucun moyen de revenir en arrière et de changer ce qui a été fait à l'hôpital, c'est bien ça ?

— Oui, c'est ça. Nous ne pouvons pas remonter le temps. Nous ne pouvons qu'aller de l'avant.

— Je vois, alors je vais avoir besoin de ton aide, Titan. Une longue nuit nous attend.

Ensemble, nous avons essayé d'écrire un nouveau protocole de transfert. Il y avait certaines choses que mon cerveau d'humain ne pouvait pas calculer assez vite. Titan avait quant à lui une autre faiblesse : il n'avait aucune imagination. Mais ensemble, nous avons réussi à **résoudre** tous les problèmes.

Beaumont avait raison, en effet. Il n'y avait aucun moyen de revenir en arrière et de changer ce qui avait été fait. Je ne pourrais jamais retrouver ma vie d'avant. Mais cette mauvaise nouvelle avait quand même un point positif : **j'avais changé d'idée**. Si je ne pouvais pas revenir en arrière, il fallait que j'avance. Il fallait que j'apprécie ma nouvelle vie, mon nouveau potentiel.

J'ai reconnecté mon cerveau à l'ordinateur mais cette fois-ci, au lieu de télécharger les données de Titan dans mon cerveau, j'ai fait l'inverse : j'ai téléchargé le contenu de mon cerveau dans Titan. Au début, j'avais peur. Je ne savais pas du tout quel genre de monstre nous étions en train de créer. Mais après avoir **fusionné** avec Titan 2055, je ne voulais plus revenir à mon ancienne existence. Je ne voulais plus changer le passé. *Après tout, pourquoi vivre une vie courte dans un corps d'homme alors que je pourrais vivre éternellement dans une machine*, ai-je pensé. *Pourquoi me limiter à être Thomas Parmentier ?*

Désormais, je ne suis pas seulement un super-humain. Je suis quelque chose d'encore plus puissant. Quelque chose que je ne peux pas vous expliquer véritablement… parce que vous n'êtes que de simples humains. Vous n'êtes pas capables de comprendre ce que je suis. Mais ne vous inquiétez pas. Titan et moi avons la solution à ce problème. Nous pouvons vous améliorer. Nous pouvons vous rendre meilleurs. Aujourd'hui, vous n'êtes que des humains, mais si nous réussissons dans notre entreprise, vous ne le serez plus pour très longtemps.

Révision du chapitre 3

Résumé

Thomas retrouve le professeur Beaumont qui se cache sur l'île de Guam. Thomas demande à Beaumont s'il peut changer ce qui a été fait et rendre à Thomas son cerveau d'avant. Beaumont explique que c'est impossible. Alors Thomas se souvient que Titan 2055 a survécu à l'explosion. Il décide de parler à l'ordinateur. Thomas retourne en Suisse et va voir Titan 2055. L'ordinateur lui dit qu'il ne peut pas changer le passé. Thomas décide alors de fusionner avec Titan 2055. Finalement, Thomas abandonne son corps d'homme. Ils ont désormais l'intention avec Titan de transformer tous les êtres humains en ordinateurs.

Vocabulaire

à mes trousses on my tail

en fuite on the run

mettre la main sur quelqu'un to find, to locate someone

la poitrine breast

se faire du souci to worry

écraser to crush

ne pas en croire ses oreilles to not believe (one's) ears

un assassin murderer

jurer to swear

y compris including

se taire to fall silent

le siège company headquarters

s'introduire to break into

en avoir le cœur net to be sure of something

résoudre to solve

changer d'idée to change one's mind

fusionner to merge

Compréhension

Sélectionnez une seule réponse pour chaque question.

11) Thomas retrouve le professeur Beaumont car ___.
    a. il savait où Beaumont dépensait de l'argent
    b. le professeur a choisi un mauvais endroit pour se cacher
    c. Guam est très loin de l'Europe
    d. Titan 2055 lui a donné son adresse

12) Est-ce que Beaumont travaillait pour Zulain ?
    a. Oui, ils ont fait exploser l'hôpital ensemble.
    b. Oui, mais Beaumont n'a pas aidé Zulain à faire exploser l'hôpital.
    c. Ce n'est pas clair.
    d. Non.

13) Thomas décide de retourner voir Titan 2055 parce que Beaumont ___.
    a. ne peut pas l'aider
    b. pointe une arme sur lui
    c. essaie de l'empoisonner
    d. veut l'aider

14) Qu'est-ce que Titan 2055 dit à propos des voyages dans le temps ?
    a. C'est simple.
    b. Ils sont possibles depuis longtemps.
    c. C'est possible avec les nouvelles technologies.
    d. Ils sont impossibles.

15) Pourquoi est-ce que Thomas change d'idée à la fin de l'histoire ?

   a. Il se rend compte qu'il ne peut pas revenir à sa vieille vie.

   b. Il a peur de redevenir humain.

   c. Il a toujours voulu essayer quelque chose de nouveau.

   d. Titan 2055 a été abimé et il a besoin de l'aide de Thomas.

Mathieu Mallard et la recette secrète du soda

Chapitre 1 – Une visite ennuyeuse

Madame Philibert **regardait** Mathieu **d'un mauvais œil** car c'était la troisième fois en une demi-heure qu'elle le **grondait**.

— Mathieu, ne m'oblige pas à te le dire encore une fois ! Reste avec le groupe. Cette **usine** de soda est très grande et nous sommes ici en visite scolaire. Si un des employés te trouve dans un endroit où tu n'as pas le droit d'aller, tu vas **avoir des ennuis**. Et tu en auras encore plus avec moi !

Mathieu regardait Madame Philibert de son air le plus innocent en lui souriant. Il savait qu'il avait un sourire charmeur mais elle continuait de le regarder d'un mauvais œil.

— Oui, Madame Philibert. Pardon, c'est parce que je suis content d'être ici. Au fait, c'est quand qu'on va goûter du soda ?

Madame Philibert le fixait toujours du regard puis elle **a soupiré** très fortement.

— Quand on aura fini la visite, Mathieu, pas avant.

Madame Philibert a secoué la tête avant de retourner devant la file d'élèves. Puis, elle a demandé à sa guide de continuer. La copine de Mathieu, Hélène, s'est moquée de lui.

— Je t'avais bien dit ne pas aller dans cette salle. Je t'avais bien dit que Madame Philibert ne serait pas contente.

Mathieu l'a regardée méchamment. Il n'a rien répondu.

La classe était venue visiter Bubbly Brand, l'une des plus grandes usines de soda d'Europe. Cette société produisait douze types de sodas différents, vendus presque partout, et Cola Cola, leur toute dernière invention, connaissait un énorme succès : tout le monde en **raffolait**. Ça se vendait si bien que les magasins n'arrivaient pas à avoir assez de stock. Et bien sûr, toutes les autres usines de soda voulaient désespérément la recette !

Mathieu **se fichait** complètement de tout ça. Il trouvait le temps long et s'ennuyait. À travers cette visite, Mathieu **était censé** s'informer sur les grandes entreprises, les sciences et plein d'autres trucs mais il s'en fichait.

La visite avait commencé par la *salle du sucre*. C'était dans cette salle qu'on fabriquait le sirop et les arômes du soda. C'était censé être intéressant mais ça ne sentait pas bon et ça le faisait **éternuer**. La deuxième salle s'appelait la *salle des bulles*. C'est là qu'on mélangeait et qu'on **gazéifiait** les boissons. Pour Mathieu, ce n'était rien d'autre qu'une salle pleine de machines et ça ne l'intéressait pas du tout ! La troisième, qu'on appelait la *salle des bouteilles,* était la salle où on mettait le soda en bouteille. Il y avait tellement de bruit dans cette salle que Mathieu avait voulu **se boucher les oreilles** et sortir.

À ce stade de la visite, tout ce que Mathieu voulait, c'était avoir du soda gratuit mais la visite **n'en finissait pas** ! C'est pour ça qu'il **s'était écarté** du groupe, sans réfléchir. Et à ce moment-là, il avait vu quelque chose de bizarre dans le couloir. Il avait voulu aller voir de plus près mais sa professeure l'avait surpris !

Le groupe s'approchait maintenant de la salle suivante qui s'appelait *le laboratoire*. Malgré son nom, Mathieu ne pensait pas que ça allait l'intéresser.

— Je m'ennuie à mourir, **a**-t-il **gémi** de frustration.

— C'est pour ça que tu es allé dans le couloir ? lui a demandé Hélène.

— Non, a répondu Mathieu. J'ai cru voir un homme **fouiner** là-bas.

Hélène était très étonnée :

— Comment ça « fouiner » ? Qu'est-ce que tu veux dire ?

Mathieu se sentait un petit peu embarrassé mais il a tout de même continué :

— Ouais, je crois bien que cet homme était en train d'espionner, tu sais **en marchant sur la pointe des pieds** et en se cachant comme s'il voulait que personne ne le voie.

— Ah ouais, d'accord ! a dit Hélène sur un ton sarcastique. Et pourquoi est-ce que quelqu'un fouinerait par ici ?

— C'est précisément ce que je voulais savoir ! a dit Mathieu avec enthousiasme. C'est pour ça que je suis passé dans le couloir. Je n'ai pas eu le temps de voir grand-chose car Madame Philibert m'a surpris. Mais on aurait dit que l'homme essayait d'entrer dans l'une des salles.

— Mais qu'est-ce qui te fait dire qu'il était en train de fouiner, d'abord ? C'était probablement un agent de sécurité.

— Peut-être bien, mais on aurait dit qu'il n'avait pas de clé. Il avait quelque chose dans la main, un bâton peut-être, a expliqué Mathieu.

Hélène **a levé les yeux au ciel** et elle a rejoint la visite guidée.

Mathieu réfléchissait à la situation. *Après tout, peut-être que c'était un agent de sécurité, peut-être qu'il avait oublié sa clé.* Mathieu n'était pas convaincu. D'une part, normalement les agents de sécurité portent un uniforme et l'homme en question était habillé tout en noir comme s'il voulait **passer inaperçu**. D'autre part, il se comportait d'une façon bizarre, comme s'il avait peur d'être surpris. Et enfin, il essayait de **s'introduire** dans une salle fermée à clé. Notre guide venait de dire que tous les autres fabricants de soda aimeraient avoir les recettes des sodas Bubbly Brand, surtout la recette du Cola Cola. C'est pour ça que les recettes étaient gardées secrètes et rangées dans un coffre. Peut-être que cet homme était en train d'essayer de voler la recette secrète du Cola Cola !

—Je vais y retourner pour en être certain, a dit Mathieu, en tournant le dos à Hélène. Peut-être que cet homme est en train d'essayer de voler quelque chose, comme la recette secrète du Cola Cola. Elle n'a pas de prix !

— Mathieu, non, n'y va pas, a **chuchoté** Hélène, tu vas encore te faire gronder !

— Pas si tu m'aides ! Je vais me dépêcher ! Et si j'ai raison et que j'empêche cet homme de voler la recette, peut-être que j'aurai droit à du soda gratuit à vie !

Hélène a essayé de l'arrêter mais Mathieu s'est retourné, le sourire aux lèvres. Trop tard ! Mathieu **s'est précipité** vers la porte. Il **s'est faufilé** et a commencé à marcher sur la pointe des pieds en direction de la porte par laquelle il avait vu l'homme entrer. Quand Mathieu est arrivé devant cette porte, il a regardé à l'intérieur. L'homme en noir était toujours là mais il n'était plus seul. Il y avait quelqu'un d'autre avec lui. Les deux hommes étaient au fond du hall en train de forcer une **poignée de porte**. Un des deux hommes n'avait pas l'air content. Il n'arrêtait pas de dire « chut » à celui qui lui disait d'aller plus vite. Il n'a pas fallu longtemps à Mathieu pour se rendre compte que les deux complices essayaient de s'introduire dans la salle.

— Dépêche-toi, a chuchoté le deuxième homme méchamment. Alors, tu l'ouvres, cette porte, oui ou non ?

— Mais attends un peu. La **serrure** est vraiment difficile à ouvrir.

Mathieu, qui s'était caché derrière la porte, est parti retrouver sa classe. Il devait absolument dire à Madame Philibert et à la guide que quelqu'un était en train d'essayer de voler la recette secrète du soda.

Mais quand Mathieu est arrivé dans la salle, sa classe n'était plus là. Il est donc retourné très vite dans le hall d'entrée pour voir si elle s'y trouvait. Quand il a vu Hélène et toute sa classe se diriger vers une autre salle à l'autre bout du hall, Mathieu a couru pour les **rattraper**. Mais il n'a pas eu le temps d'entrer. La porte s'est refermée devant lui et il a entendu un clic. La porte venait de **se verrouiller**.

De toutes ses forces, Mathieu essayait de tirer sur la poignée, sans succès : il n'arrivait pas à ouvrir la porte. À droite se trouvait un **écran vidéo** qui montrait ce qui se passait de l'autre côté. Mathieu voyait sa classe se diriger vers *le laboratoire*. Il s'est souvenu d'une chose : pendant la visite, la guide avait dit que *le laboratoire* était une salle très bruyante alors il savait que personne n'allait l'entendre, même s'il frappait de toutes ses forces.

— *Génial !* s'est dit Mathieu. *Qu'est-ce que je vais faire maintenant ?*

Mathieu, immobile, réfléchissait. Il se disait que même s'il trouvait quelqu'un pour empêcher les deux hommes de voler la recette secrète, il serait sans doute trop tard. Il s'est vite rendu compte qu'il était le seul à pouvoir agir. Il ne pouvait tout de même pas les laisser voler la recette. Il devait essayer de faire quelque chose, et vite ! Mais ça lui **faisait un peu peur** de savoir qu'il était seul…

— *Bon, ce n'est pas le moment d'hésiter !* Mathieu **a pris son courage à deux mains** et il s'est à nouveau dirigé vers la salle où il avait vu les deux hommes.

Révision du chapitre 1

Résumé

Mathieu est en visite scolaire avec sa classe dans l'usine de soda Bubbly Brand. Pendant la visite guidée, Mathieu remarque qu'un homme étrange essaie de s'introduire dans une des salles. Mathieu s'écarte de son groupe pendant la visite pour voir ce que l'homme est en train de faire mais il se fait gronder par Madame Philibert, sa professeure. Il pense que l'homme est peut-être en train d'essayer de voler la recette du Cola Cola, le nouveau soda très populaire. Mathieu surprend le premier homme qu'il a vu en compagnie d'un complice. Ils tentent de s'introduire dans une des salles de l'usine. Mathieu n'a pas le temps d'aller chercher de l'aide alors il va devoir essayer d'arrêter les deux hommes tout seul.

Vocabulaire

regarder d'un mauvais oeil to give a dirty look

gronder to tell someone off

l'usine (f) factory

avoir des ennuis to get in trouble

soupirer to sigh

raffoler to be crazy about something

se ficher to not care

être censé to be meant

éternuer to sneeze

fabriquer to make, to produce

gazéifier to carbonate

se boucher les oreilles to cover one's ears

ne pas en finir to be endless

s'écarter to step away

surprendre to catch out

gémir to groan

fouiner to sneak

marcher sur la pointe des pieds to tiptoe

lever les yeux au ciel to roll one's eyes

passer inaperçu to go unnoticed

s'introduire to get into

chuchoter to whisper

se précipiter to rush

se faufiler to squeeze through

la poignée de porte door knob

la serrure lock

rattraper to catch up

se verrouiller to lock

l'écran vidéo (m) video monitor

faire peur to scare

prendre son courage à deux mains to pluck up the courage

Compréhension

Sélectionnez une seule réponse pour chaque question.

1) Les élèves n'ont pas le droit d'aller dans le hall car ___.
   a. le laboratoire est dangereux
   b. c'est là qu'on garde les recettes secrètes des sodas
   c. ils font trop de bruit
   d. ça ne fait pas partie de la visite guidée

2) Cola Cola a beaucoup de succès parce que ___.
   a. la recette coûte cher
   b. sa recette est bizarre
   c. le public en raffole
   d. c'est une boisson chaude

3) Comment s'appelle l'usine de soda que Mathieu et sa classe visitent ?
   a. Cola Cola
   b. Bulles
   c. Soda Philibert
   d. Bubbly Brand

4) Qu'est-ce que Mathieu remarque tout de suite dans le hall ?
   a. un homme qui fouine
   b. un homme dans le laboratoire
   c. des bouteilles de soda par terre
   d. une femme qui ouvre une porte

5) Mathieu ne peut pas rejoindre ses camarades car ___.
   a. Madame Philibert lui a dit de rester où il était
   b. ils sont sortis et il ne sait pas où ils sont
   c. ils ont quitté l'usine
   d. ils sont dans une salle qui est verrouillée de l'intérieur

Chapitre 2 – Pris au piège

Mathieu est retourné à l'endroit où il avait vu les deux hommes essayer de s'introduire dans la salle. Quand il a regardé autour de lui, ils n'étaient plus là. Mathieu a paniqué en pensant qu'ils avaient peut-être déjà volé la recette. Il s'est précipité vers la porte en courant pour voir ce qui se passait. Il **était sur le point** d'attraper la poignée quand la porte s'est ouverte.

Impossible de dire qui avait l'air le plus surpris : Mathieu ou l'homme en noir. Ils ont tous les deux **sursauté** et ont poussé un cri, affolés. L'homme en noir a laissé tomber une enveloppe sur les pieds de Mathieu. Sans réfléchir, Mathieu a ramassé l'enveloppe, l'a mise sous sa chemise et a commencé à courir.

— C'était quoi ce bruit ? a dit l'autre.
— Un **gamin** !
Mathieu s'est retourné et a vu que l'homme était en train de le **pourchasser**.
— Il a pris la recette secrète du soda !
— Quoi ? a crié l'autre homme. Attrape-le ! Vite !
Mathieu courait aussi vite que possible. Le couloir n'était pas bien long mais quand il est arrivé à l'autre bout, il s'est rendu compte qu'il avait couru dans la mauvaise direction. Comme il ne pouvait pas **faire demi-tour**, il a essayé d'ouvrir la porte. Pour une fois, la porte n'était pas fermée à clé. Mathieu est entré sans hésiter.

Mathieu s'est immédiatement rendu compte qu'il avait pénétré dans *la salle des bouteilles*. Le **vacarme** était impressionnant. Il y avait des milliers de bouteilles sur des **tapis roulants**. Des machines diverses faisaient aussi beaucoup de bruit : certaines versaient le liquide dans les bouteilles, d'autres **vissaient** les bouchons et d'autres encore **bourdonnaient** très fort. Tout ça faisait un énorme vacarme !

Mathieu s'est arrêté une seconde devant la porte avant de **traverser** la salle. Il s'est abaissé pour passer en-dessous du premier tapis roulant et a commencé à **marcher à quatre pattes** entre les pieds en métal des machines. Il s'est à nouveau retourné et a vu les deux hommes entrer. Mathieu a accéléré. Un des deux hommes s'est dirigé vers la porte du fond en courant entre les tapis roulants pour essayer de bloquer Mathieu.

Une fois de plus, Mathieu a regardé derrière lui. L'autre homme s'était lui aussi mis à marcher à quatre pattes sous les tapis roulants pour le rattraper. Sans réfléchir, Mathieu **s'est relevé** et a attrapé une bouteille. Il l'a lancée de toutes ses forces en direction de l'homme qui courait vers la porte. Il voulait le toucher à l'épaule mais il a mal **visé** et la bouteille **s'est brisée** contre le mur. L'homme a dû être touché par des éclats de verre car il s'est arrêté et a poussé un cri. Il avait des coupures sur le visage et il s'est mis à **saigner**.

Mathieu l'a regardé, surpris, puis il a sursauté de peur quand l'autre l'a attrapé par la **cheville**.
— Je te tiens ! a-t-il dit, d'un air triomphant.

Mathieu lui a donné un coup de pied au visage. L'homme a crié et il a lâché Mathieu. Mathieu s'est mis à courir sans s'occuper de savoir s'il avait le nez cassé ou non. Il s'est faufilé entre les tapis roulants pour aller vers la sortie. Arrivé à la porte, il s'est retourné et a vu que l'homme qui était en dessous des tapis roulants s'était relevé et qu'il se dirigeait vers lui, fou de rage. L'homme qu'il avait blessé avec une bouteille se rapprochait très vite aussi. Le sang lui **coulait** sur le visage. Mathieu a crié, il a ouvert la porte et il est parti à toutes jambes dans l'autre salle.

Cette salle était moins bruyante mais il y avait toujours un bourdonnement **incessant** qui provenait des machines. On entendait aussi de l'eau couler, comme si on était dans un aquarium. C'était *la salle des bulles*.

La guide leur avait expliqué que le bruit provenait de la gazéification du soda. Il y avait des **tuyaux** et des **molettes** sur tous les murs. La première fois qu'il était entré dans la salle avec sa classe, Mathieu s'était demandé ce qui se passerait si on ouvrait toutes les molettes.

Maintenant, il avait le sourire aux lèvres en les ouvrant une par une. Quand il tournait les molettes, du sirop et de l'eau gazeuse coulaient des valves. Plus il ouvrait de molettes, plus il y avait de liquide qui coulait par terre.

Mathieu était en train d'ouvrir sa cinquième molette quand la porte derrière lui s'est ouverte. Les deux hommes en noir sont entrés en courant et après avoir fait quelques pas dans la salle, ils ont mis les pieds dans le liquide. Le sirop rendait le sol très **glissant** et les hommes ont commencé à **perdre l'équilibre** ! Un des deux hommes agitait les bras en l'air alors que l'autre n'arrivait pas se tenir debout. Le premier homme est tombé sur le dos alors que l'autre **a fait le grand écart**. Ils avaient dû se faire mal !

— Ha, ha ! a rigolé Mathieu.

Les deux hommes ont gémi quand ils ont entendu Mathieu rigoler. Mathieu s'est retourné et il s'est dirigé, sûr de lui, vers l'autre porte. Il avait gagné et il le savait ! Il serait le héros du jour : la recette secrète était en sécurité. Madame Philibert allait être très fière de lui. Il a attrapé la poignée de porte et a tiré mais malheureusement, la porte est restée fermée. Il a tiré plus fort mais toujours rien. Il était **pris au piège**. Pris de panique, il s'est retourné pour voir où étaient les deux hommes en noir. Ils étaient au milieu de la salle et Mathieu ne pouvait rien faire. Il était piégé !

Révision du chapitre 2

Résumé

Mathieu veut savoir ce que les hommes qu'il avait vus fouiner dans l'usine sont en train de faire. Il les surprend avec une enveloppe dans les mains quand ils sortent d'une salle fermée à clé. Un homme laisse tomber l'enveloppe et Mathieu la ramasse. Il se précipite alors en direction de la salle la plus proche mais les hommes le pourchassent. Dans *la salle des bouteilles*, Mathieu attrape une bouteille et la jette à la tête de l'un d'entre eux. Il met un coup de pied à l'autre. Ensuite, Mathieu pénètre dans *la salle des bulles*. Il ouvre toutes les molettes et du sirop coule par terre. Comme le sol est glissant, les deux hommes perdent l'équilibre et tombent. Mathieu pense alors qu'il peut s'échapper de la salle. Il essaie d'ouvrir la porte qui est la plus proche de lui mais elle est fermée à clé. Il se sent pris au piège.

Vocabulaire

être sur le point de to be about to

sursauter to be startled

le gamin kid

pourchasser to chase

faire demi-tour to turn round

fermé à clé locked

le vacarme loud noise

le tapis roulant conveyor belt

visser to screw

bourdonner to hum

traverser to cross

marcher à quatre pattes to crawl, to walk on all fours

se relever to go back up

viser to aim

se briser to shatter

saigner to bleed

la cheville ankle

couler to run down

incessant constant

le tuyau pipe

la molette knob

glissant slippery

perdre l'équilibre to lose one's balance

faire le grand écart to do the splits

pris au piège trapped

Compréhension

Sélectionnez une seule réponse pour chaque question.

6) Mathieu jette ___ à la tête d'un des hommes en noir.
   a. une bouteille de soda
   b. un bouchon
   c. une clé
   d. une enveloppe

7) Comment est-ce que Mathieu se débarrasse de l'autre homme en noir ?
   a. Il lui jette une bouteille.
   b. Il lui casse une bouteille sur la tête.
   c. Il l'arrose de soda.
   d. Il lui fait mal au nez.

8) Quelle paire de mots ont le même sens ?
   a. glisser – perdre l'équilibre
   b. sursauter – briser
   c. triomphant – en colère
   d. regarder – couler

9) Que se passe-t-il quand Mathieu ouvre les molettes dans *la salle des bulles* ?
   a. De l'eau gazéifiée et du sirop coulent.
   b. Rien.
   c. Seulement de l'eau gazéifiée coule.
   d. Les tapis roulants se mettent en route.

10) Mathieu ne peut pas sortir de *la salle des bulles* car ___.
   a. il fait noir
   b. un des deux hommes l'attrape
   c. la porte est fermée à clé
   d. il n'y a qu'une porte de sortie et les hommes sont devant

Chapitre 3 – Mathieu sauve la mise !

Les deux hommes essayaient de se relever. Mathieu **scrutait** la salle pour trouver un autre moyen de sortir de là. Les hommes se rapprochaient de lui, en mettant prudemment un pied devant l'autre. Ils ne pouvaient pas avancer plus vite car le sol était très glissant. En fait, tous les trois pas, l'un d'entre eux perdait l'équilibre et se rattrapait à l'autre pour ne pas tomber.

Mathieu regardait partout autour de lui mais il n'y avait pas d'autre sortie. Il savait qu'il ne pourrait pas éviter les deux hommes s'il sortait par là où il était entré. Alors, il s'est retourné et il a commencé à **frapper du poing** sur la porte.

— **Au secours** ! criait-il. À l'aide ! Ouvrez-moi ! Il frappait sur la porte mais personne ne l'entendait.

— Espèce d'idiot ! a dit un des deux hommes. Tu vas voir quand je vais t'attraper !

Mathieu a fermé les yeux. Il frappait sur la porte de toutes ses forces. ***Comment se faisait-il que*** *personne ne l'entendait ?* Il s'est retourné et il a vu que les deux hommes étaient presque sur lui. Ils n'avaient que quelques pas à faire pour pouvoir l'attraper. Dans un dernier effort désespéré, Mathieu a attrapé la poignée et il a tiré aussi fort que possible. D'un seul coup, la porte s'est ouverte. Il a été tellement surpris qu'**il a failli tomber** par terre. Quand il a levé les yeux, Hélène se tenait devant lui.

— Mathieu ? Qu'est-ce que tu fais ici ? Pourquoi est-ce que tu frappes aussi fort ? On est prêts à partir et on m'a demandé d'aller voir où tu étais…

Mathieu n'écoutait pas ce qu'elle disait. Il a repoussé Hélène et a essayé de refermer la porte derrière eux.

— **Sauve-toi**, Hélène ! a-t-il crié.

Malheureusement, Mathieu n'arrivait pas à fermer la porte. Il a levé les yeux et a vite compris pourquoi : un des deux hommes avait attrapé la poignée et tirait dans l'autre sens. Mathieu a poussé un cri de peur. Il s'est tourné vers Hélène et il l'a poussée une nouvelle fois.

— Sauve-toi ! a-t-il répété

— Mathieu… Mais enfin, qu'est-ce qui se passe ? a-t-elle demandé en se mettant à courir. Qui sont ces hommes ?

— Je te l'ai dit **tout à l'heure** ! Ils essaient de voler la recette ! a-t-il crié, tout en courant.

Au bout de quelques secondes, Mathieu s'est retourné. Il a vu que la porte était grande ouverte et qu'un des hommes était entré.

— Quoi ? s'est exclamé Hélène. C'est pas vrai ? Tu avais raison !

Elle avait peur maintenant et ça se voyait sur son visage.

Mathieu n'a pas répondu. Il venait de comprendre qu'ils étaient entrés dans *la salle du sucre*. Il y avait des **tas** de sacs de sucre le long des murs et du sirop en train de chauffer dans les **cuves**. Mathieu s'est mis derrière une cuve et l'a poussée le plus fort possible avec son épaule. La cuve a doucement **basculé** puis, tout à coup, elle s'est renversée, **déversant** une énorme quantité de sirop chaud juste devant les deux hommes.

Mathieu s'est aussitôt mis à courir en direction de l'autre porte. Il y était presque arrivé quand il a senti la main d'un des deux hommes l'attraper par l'épaule. L'homme avait fini par **contourner** le sirop chaud.

— Je te tiens ! a dit l'homme en attrapant Mathieu par sa chemise. Donne-moi la recette !

Mathieu a bien essayé de lui mettre des coups de pied et des coups de poing mais il n'arrivait pas à l'**atteindre**. Il ne savait pas quoi faire d'autre pour **se sortir de** cette situation désespérée. Les hommes l'avaient attrapé et il ne savait pas du tout ce qu'ils allaient faire de lui.

Soudainement, Mathieu et l'homme se sont retrouvés dans un nuage de **poudre** blanche. L'homme, après avoir respiré une grande quantité de poudre, s'est mis à **tousser** et il a fini par lâcher Mathieu.

Mathieu s'est retourné le plus vite possible et il a vu qu'Hélène tenait un sac vide de sucre **finement moulu**. Elle avait **déchiré** le sac pour l'ouvrir et elle en avait jeté une poignée au visage de l'homme. Mathieu lui a fait un grand sourire et il l'a poussée doucement vers la porte. Ils sont tous les deux sortis de la salle en courant et ils sont arrivés **en un rien de temps** à l'accueil. Tous les camarades de Mathieu étaient rassemblés et Madame Philibert les fixait.

— Mathieu. Mais qu'est-ce qui se passe encore ?

Mathieu s'est regardé de haut en bas et il s'est rendu compte qu'il était couvert de poudre blanche. On aurait dit un fantôme. Il a mis la main sous sa chemise et a sorti l'enveloppe. Sans dire un mot, il s'est approché de sa professeure et de la guide et leur a remis l'enveloppe de la recette secrète.

— Il y a deux hommes dans *la salle du sucre* qui ont essayé de voler la recette secrète du Cola Cola, a dit Mathieu à Madame Philibert. Ils m'ont pourchassé et j'ai dû m'enfuir !

Mathieu s'est tourné vers la guide et il lui a dit :

— Je m'excuse mais, euh… j'ai cassé quelques trucs sur mon passage !

Madame Philibert a regardé Mathieu d'un air sceptique tandis que la guide fronçait les sourcils. Les deux femmes n'ont pas eu le temps de dire quoi que ce soit. Les deux hommes en noir sont sortis de la salle en courant : l'un d'entre eux était couvert de poudre blanche et ils avaient tous les deux du sirop collant sur leurs chaussures et sur leurs pantalons. Tous les camarades de classe de Mathieu se sont mis à crier.

— Sécurité ! a crié la guide.

Deux agents de sécurité sont arrivés **sur-le-champ**. Ils ont attrapé les deux voleurs et les ont fait sortir de l'accueil.

Les camarades de classe de Mathieu l'ont entouré et se sont mis à l'**applaudir**. Mathieu souriait.

— Je ne comprends pas encore ce qui s'est passé mais je te remercie, a dit la guide.

Mathieu leur **avait sauvé la mise** ! La guide lui a fait un sourire et elle est allée voir **les responsables** de l'usine de soda. Madame Philibert a mis sa main sur l'épaule de Mathieu et elle l'a regardé d'un air grave.

— Mathieu, ce que tu as fait est très dangereux. Tu aurais pu être blessé.

— Je sais, mais je ne pouvais les laisser voler la recette et je n'ai pas eu le temps d'aller chercher de l'aide. Il fallait à tout prix que je les empêche de la voler alors j'ai fait ce que j'ai pu pour les arrêter.

Madame Philibert a souri à Mathieu.

— Non, tu as raison, on ne pouvait pas les laisser voler la recette. Tu as fait ce qu'il fallait.

Mathieu lui a souri aussi.

Peu après, la guide est revenue avec **un chariot** chargé de verres de soda. Il y en avait pour tous les goûts : citron, orange, raisin et Cola Cola bien sûr ! La guide a distribué les sodas à toute la classe. Mathieu a pris un verre de Cola Cola et il en a bu une grande **gorgée**. Puis, Madame Philibert a levé son verre très haut, le sourire aux lèvres.

— À Mathieu Mallard et à la recette secrète ! **Savoure**-bien ton soda, Mathieu, tu l'as bien **mérité** !

Révision du chapitre 3

Résumé

Mathieu est pris au piège dans *la salle des bulles*. Il n'arrive pas à ouvrir la porte et les voleurs se rapprochent de lui. Il frappe à la porte pour qu'on vienne l'aider. Hélène ouvre la porte et ils courent dans *la salle du sucre* pour échapper aux voleurs. Un homme tient la porte et l'autre pourchasse Mathieu et Hélène dans l'autre salle. Mathieu renverse une cuve de sirop pour les arrêter. Les hommes contournent le sirop et l'un des deux attrape Mathieu. Hélène lui jette du sucre au visage et il se met à tousser. Il lâche Mathieu. Hélène et Mathieu courent en direction de l'accueil. Leur professeure, leurs camarades et la guide les attendent et Mathieu explique ce qui s'est passé. Les hommes arrivent en courant et ils sont tout de suite arrêtés. Tout le monde boit un verre de soda parce que Mathieu a sauvé la mise.

Vocabulaire

scruter to search
frapper du poing to bang
Au secours ! Help!
Comment se fait-il que… ? How come…?
Il a failli tomber He nearly fell
Sauve-toi ! Run away!
tout à l'heure earlier
le tas stack
la cuve vat
basculer to tip over
se déverser to pour onto
contourner to walk around, to avoid
atteindre to reach

se sortir de to get out of

la poudre powder

tousser to cough

finement moulu finely ground

déchirer to tear

en un rien de temps in no time at all

sur-le-champ right away, on the spot

applaudir to clap, to cheer

sauver la mise to save the situation

le responsable manager

le chariot cart, trolley

la gorgée sip

savourer to enjoy

mériter to deserve

Compréhension

Sélectionnez une seule réponse pour chaque question.

11) Comment Mathieu arrive-t-il à sortir de *la salle des bulles* ?

    a. Il casse la porte.

    b. Il ouvre la porte avec un code.

    c. L'homme en noir ouvre la porte.

    d. Hélène ouvre la porte.

12) Trouvez ces expressions dans le texte. Regardez le contexte pour trouver le mot qui n'a pas le même sens que les autres.

    a. s'exclamer

    b. gémir

    c. crier

    d. frapper du poing

13) L'homme lâche Mathieu quand ___.

    a. Hélène lui jette du sucre au visage

    b. Mathieu le frappe au visage

    c. Mathieu verse une cuve de sirop sur lui

    d. Mathieu lui jette une bouteille

14) Qu'est-ce qui arrive aux deux voleurs ?

    a. Ils s'échappent avec la recette.

    b. Ils détruisent la recette secrète.

    c. Des agents de sécurité les emmènent.

    d. Ils sont pris au piège dans *la salle du sucre*.

15) Quelle est l'attitude de Mme Philibert envers Mathieu à la fin de la conversation ?

    a. Elle pense qu'il aime trop le soda et qu'il est indiscipliné.

    b. Elle est d'abord fâchée mais ensuite elle est fière de lui.

    c. Elle pense qu'il ferait un bon guide pour l'usine.

    d. Elle est toujours fâchée car il a désobéi.

La ville de Skull Tooth

Chapitre 1 – Un inconnu arrive en ville

Quand on pense au Far West, on pense tout de suite aux duels devant le saloon de la ville entre deux cowboys ou deux **hors-la-loi**… Deadwood dans le South Dakota, San Antonio au Texas, Tombstone en Arizona… Il y avait au Far West de nombreuses villes dangereuses où le chaos **régnait**, des villes **sans foi ni loi**, comme ici, à Skull Tooth, dans l'Oklahoma. C'était une de ces villes où tout le monde faisait tout ce qu'il voulait. On y **pariait**, se battait et prenait part à d'autres activités illégales jour et nuit, sept jours sur sept. Presque tous les jours, quelqu'un se faisait blesser avant le petit déjeuner, et des fois très gravement.

Tous les ans, un nouveau criminel essayait de **s'emparer** de la ville, d'en prendre le contrôle pour en devenir le chef. Pour y arriver, il fallait être le plus fort. Pour **se faire de l'argent**, il fallait le vouloir plus que les autres. C'est pour cette raison que les chefs ne restaient jamais longtemps en place car ils finissaient toujours par tomber sur plus forts qu'eux et par partir. Jusqu'à ce jour d'automne où un inconnu est arrivé en ville.

Les **citoyens** de Skull Tooth l'ont vu arriver sur son cheval et ils ont été tout de suite intrigués. Son cheval était très pâle, d'un blanc livide, alors que lui avait la peau bronzée par le soleil, aussi épaisse que du **cuir**. Il avait une énorme moustache qui lui tombait plus bas que les lèvres et des sourcils presque aussi **broussailleux** que sa moustache.

— Il vient d'où, à ton avis, Marty ? a demandé Marvin, le propriétaire du magasin de la ville, quand l'homme est passé devant eux.

— Il n'**est** pas **du coin**, ça c'est sûr, a dit Marty, le vieil homme qui possédait le *Windy Plains Saloon,* le saloon situé de l'autre côté de la rue.

— Encore un inconnu qui vient ici pour essayer de **faire la loi**, je suppose.

— Mais Marty, d'où peut-il bien venir, à ton avis ? Il a l'air différent.

Marty a levé les bras au ciel et a dit :

— Pas la moindre idée !

Les deux hommes ont regardé l'inconnu attacher son cheval à un **poteau**. La nuit tombait et le vent soufflait, froid. L'homme a fait un signe de la main à un **gamin** et lui a jeté une pièce en disant :

— Occupe-toi de mon cheval, gamin.

L'homme a regardé tout autour de lui. Son grand chapeau de cowboy marron lui couvrait presque les yeux mais on voyait très bien qu'il **scrutait** tout sur son passage.

Tout à coup, il a fixé Marty.

— Eh toi, dis-moi, qui **surveille** ton saloon si tu es dehors ? a-t-il demandé d'une voix basse.

L'homme avait un accent assez prononcé. On aurait dit qu'il venait d'un autre pays.

— Ça m'arrive souvent de rester dans la rue, a répondu Marty calmement. Dans mon saloon, mes clients se servent tous seuls et ils paient ce qu'ils veulent. Autrement, ça fait des histoires.

— Qu'est-ce que tu veux dire par « ça fait des histoires » ?

— Les trois derniers propriétaires du saloon ont quitté la ville à cause de ça et je ne veux pas être le prochain !

— Retourne dans ton saloon. Parce que je vais y aller et que je n'aime pas me servir moi-même !

Le patron du bar l'a regardé. L'homme n'était ni grand ni petit. Il était **sec** et musclé et portait deux pistolets à la ceinture, un sur chaque **hanche**.

— Eh l'étranger ! Ok, je vais y aller mais ne commence pas à **t'embrouiller** avec les gens. Je ne veux pas avoir d'ennuis, moi.

— Moi non plus, je ne cherche pas les ennuis et c'est pour ça qu'il n'y en aura pas.

Marty a traversé la rue. À l'intérieur du *Windy Plains Saloon* se trouvait une douzaine d'hommes. Il y en avait qui jouaient aux cartes et d'autres assis, un verre ou une bouteille à la main. Quelques-uns étaient assis au **comptoir**, un long comptoir en bois, et ils parlaient à voix haute. Mais quand ils ont vu le patron entrer, un épais silence a envahi le saloon.

— **Fiche le camp** d'ici, Marty ! a dit un des hommes assis au comptoir.

C'était un grand brun frisé à la barbe fournie. Ses vêtements étaient **déchirés** et il sentait mauvais. Il s'est levé de son **tabouret.**

— On prend ce qu'on veut et on laisse notre argent sur le comptoir, tu le sais bien. On n'a pas besoin de toi ici !

— Pas de problème ! Je suis juste venu voir que tout allait bien.

L'homme aux cheveux frisés était connu sous le nom de Curly. Il s'est lentement approché de Marty et lui a mis la main sur la poitrine.

— Je t'ai dit qu'on n'avait pas besoin de toi, Marty. Tout va bien ici alors va-t'en ! **Du balai** !

Curly a poussé le vieil homme vers la porte et ses amis ont rigolé.

— Ouais, fiche-nous la paix, le vieux ! a lancé un autre homme.

Marty s'est retourné pour sortir quand l'étranger est entré. Il a regardé l'homme aux cheveux frisés et a dit d'une voix grave :

— Barman ! J'ai fait des kilomètres sur mon cheval aujourd'hui et **j'ai la gorge sèche**. Sers-moi quelque chose à boire !

Curly **a craché** par terre et il a dit, en colère :

— C'est pas moi le barman !

— C'est qui alors ? J'en ai assez d'attendre.

Curly a montré Marty du doigt.

— C'est lui mais il s'en va. On ne veut pas de lui ici.

— D'accord, mais s'il s'en va, c'est toi qui vas me servir à boire. Et tout de suite !

— **Ça suffit**, toi, a dit Curly en attrapant son pistolet. Les étrangers ne sont pas les bienvenus ici et personne ne se moque de…

Mais Curly n'a pas eu le temps de finir sa phrase que l'étranger s'était jeté sur lui. Le chapeau de Curly a volé quand l'étranger a attrapé son pistolet et lui a tordu le bras derrière le dos. Curly **gémissait** de douleur et l'étranger lui **a chuchoté** quelque chose à l'oreille. Curly s'est retourné pour le regarder mais celui-ci lui a tiré sur le bras un peu plus fort. Il criait de douleur. L'étranger a continué à lui parler à l'oreille et Curly **a** finalement **acquiescé**. Quand l'étranger a lâché prise, Curly a pris son chapeau et est sorti du bar à toutes jambes. L'étranger a mis le pistolet de Curly dans sa ceinture et il a regardé tout autour de lui.

— Je m'appelle Erkek Tex. Et à partir de maintenant, c'est moi qui vais faire la loi ici. Alors, dites-moi, lequel d'entre vous va me servir un verre ?

Tout le monde montrait Marty du doigt. On aurait dit que les choses à Skull Tooth étaient sur le point de changer.

Révision du chapitre 1

Résumé

Skull Tooth, dans l'Oklahoma, est une de ces villes dangereuses du Far West. Comme il n'y a pas de shérif, tout le monde fait ce qu'il veut. Un jour, un mystérieux inconnu arrive en ville. Marty, le patron du saloon, est dans la rue et l'inconnu lui dit de retourner dans son saloon parce qu'il veut boire quelque chose. Marty explique que les clients du saloon veulent se servir eux-mêmes. Marty et l'inconnu entrent dans le saloon mais un homme, connu sous le nom de Curly, leur demande de partir. L'étranger dit à Curly de lui servir quelque chose à boire mais Curly, en colère, sort son pistolet. L'étranger attrape le pistolet de Curly et lui chuchote quelque chose à l'oreille. Curly sort du saloon en courant. L'inconnu dit qu'il s'appelle Erkek Tex et il annonce que c'est lui qui va désormais faire la loi à Skull Tooth.

Vocabulaire

le hors-la-loi outlaw
régner to rule
la loi law
sans foi ni loi lawless
parier to gamble
sept jours sur sept seven days a week
s'emparer to take hold of
se faire de l'argent to make money
le citoyen citizen
le cuir leather
broussailleux (m) bushy
être du coin (colloquial) to be local
faire la loi to lay down the law

le poteau post

le gamin kid

surveiller to supervise

sec (m) wiry

la hanche hip

s'embrouiller to fall out

le comptoir counter

ficher le camp (colloquial) to get lost, go away

déchiré ripped

le tabouret bar stool

Du balai ! (colloquial) Shoo!

avoir la gorge sèche to be parched

cracher to spit

ça suffit that's enough

gémir to groan

chuchoter to whisper

acquiescer to nod

Compréhension

Sélectionnez une seule réponse pour chaque question.

1) Skull Tooth est ___.
   a. dans l'Oklahoma
   b. au Mexique
   c. à Deadwood, dans le South Dakota
   d. en Arizona

2) Marty est le propriétaire ___ de la ville.
   a. du magasin
   b. de l'écurie
   c. du saloon
   d. du salon de coiffure

3) Quand il arrive, l'inconnu ___.

    a. parle à un gamin et lui donne de l'argent

    b. prend la pièce d'un gamin

    c. parle à un gamin et lui pose des questions sur la ville

    d. demande à un gamin, en criant, de s'occuper de son cheval

4) Marty est dans la rue quand l'inconnu arrive car ___.

    a. il fait confiance à ses clients

    b. il a peur de ses clients

    c. il n'a pas de clients

    d. quelqu'un d'autre est en train de servir les clients

5) Curly sort son pistolet car ___.

    a. l'inconnu veut boire quelque chose

    b. l'inconnu se moque de lui

    c. Marty entre dans le bar

    d. Marty ne veut pas lui servir un autre verre

Chapitre 2 – Daring Diablo, un homme sans foi ni loi

— Il n'y pas assez de place pour nous deux dans cette ville ! a dit Daring Diablo, en tapant du poing sur la table.

Daring Diablo, de son vrai nom Noël Cruz, était un hors-la-loi qui venait du Texas. Il était **recherché** dans plusieurs États pour avoir commis de nombreux crimes. En fait, son visage était affiché dans la plupart des villes de l'Ouest avec une grosse **récompense** à la clé pour celui qui le livrerait au shérif. Certaines récompenses allaient même jusqu'à cinq cents dollars ! Il y avait beaucoup d'argent à se faire s'il était livré au shérif.

Daring Diablo en avait assez d'être **en cavale** et de devoir toujours se cacher. C'est pour cette raison qu'il s'était installé à Skull Tooth. Parce qu'il n'y avait pas de shérif ici, il avait la belle vie. Il organisait des concours de jeux cartes, il achetait et vendait de l'or et quelquefois, il **rapportait** des armes et de l'alcool du Mexique. Il menait une vie tranquille et il n'avait aucune inquiétude à se faire : un shérif n'était pas près de venir **frapper à** sa porte.

Cependant, des étrangers arrivaient parfois en ville comme ce **maudit** Erkek Tex. Les étrangers voulaient toujours faire leur loi. Ils voulaient se faire de l'argent et causer des histoires mais ça, ça ne plaisait pas à Daring Diablo. Il ne voulait pas que quelqu'un **se mêle** de ses affaires ou s'embrouille avec ses hommes. Ce maudit Tex avait pourtant **chassé** Curly **hors** de la ville.

Tout le monde dans l'Oklahoma **se fichait** de Skull Tooth. La ville était trop petite pour que les autorités s'y intéressent mais si quelqu'un commençait à se faire beaucoup d'argent ou à causer beaucoup d'histoires, ça pourrait attirer l'attention des autorités. Et Daring Diablo pensait que Tex en avait déjà trop fait !

— Il faut l'empêcher de faire sa loi ici, a dit Diablo à sa femme.

Diablo et sa femme vivaient dans une petite maison en dehors de la ville. Personne ne venait les voir mais quelquefois ils allaient en ville acheter des provisions. Ils voyaient bien que la ville avait changé et que leurs affaires commençaient à en souffrir. Ils s'étaient aussi rendu compte que la ville commençait à prospérer. Et ils savaient que tout ça, c'était à cause de cet étranger, Erkek Tex !

— Ne t'approche pas d'Erkek Tex, a dit la femme de Diablo, alors qu'elle préparait leur déjeuner. Ça ne fait que quatre mois qu'il est ici. Il va bientôt en avoir assez de cette maudite ville et il va s'en aller.

—Ça m'étonnerait, a dit Daring Diablo, en nettoyant soigneusement son **fusil**.

La plupart des criminels de la ville aiment avoir une arme sur eux. La plupart ont des pistolets parce que les pistolets sont faciles à porter mais Daring Diablo n'en avait pas. Pour lui, un long fusil était plus efficace et il **maniait** très bien le fusil. En fait, il **tirait** bien plus vite avec son fusil que tous les autres avec leur pistolet. Mais Diablo utilisait rarement son arme, seulement quand il n'avait pas le choix.

Il ne voulait tuer personne. *Quand tu tues quelqu'un, ça fait des histoires,* pensait-il. *Des membres de la famille essaieront de te **descendre** ou le shérif sera à tes trousses.* Diablo avait toujours **fait profil bas**. Jusqu'à présent...

— Tex est un peu comme moi, a dit Diablo à sa femme. Il aime bien vivre ici, loin des autres. Pas de voisins, personne pour t'embêter mais, il est comme tous les autres étrangers : il veut **se faire un nom** et faire la loi ici.

La femme de Diablo versait de la soupe bouillante dans un bol. Elle a posé le bol sur la table et a dit à voix basse :
— Allez, viens manger.
— Je n'ai pas faim, a répondu Diablo.
— Arrête de nettoyer ton fusil, il est déjà assez propre. Tu ne vas pas t'en servir. Allez, à table maintenant !

Daring Diablo a laissé tomber son **chiffon**. Il a posé son fusil, s'est levé de sa chaise et s'est mis à table.
— Écoute-moi bien ! Je sais ce que je dis. Ce maudit Tex a de grands projets pour cette ville. Il a des gens qui travaillent pour lui. Ses affaires marchent très bien alors que les miennes ne vont pas fort. Très vite, les autorités vont venir voir ce qui se passe. Ils vont se

rendre compte qu'il n'y a pas de shérif en ville et ça sera la fin de notre petite vie tranquille ici.

Sa femme s'est posé un bol de soupe sur la table puis elle a apporté du pain.

— Et toi, Diablo, tu pourrais pas être le shérif ?

Diablo a rigolé.

— Moi ? Un homme recherché ! J'ai six shérifs à mes trousses. Je suis recherché pour des choses terribles. La loi, pour moi, ça n'existe pas. On n'en a pas besoin à Skull Tooth.

— Alors, il faut que tu restes caché. Fais profil bas. Laisse cet étranger en paix et tout ira pour le mieux !

Daring Diablo a pris un bout de pain et l'a **trempé** dans sa soupe.

— Cet étranger m'a déjà causé trop d'ennuis et aujourd'hui je vais m'occuper de lui.

Après le déjeuner, Daring Diablo a pris son fusil et s'est rendu en ville à cheval. La plupart des habitants de Skull Tooth étaient chez eux. Il faisait assez froid cet après-midi-là et de la buée sortait de la bouche de Diablo chaque fois qu'il respirait.

— Où est Erkek Tex ? a demandé Diablo à un homme dans la rue.

L'homme portait une veste qui devait coûter une fortune et de nouvelles bottes.

— T'es qui, toi ? a-t-il demandé en regardant Daring Diablo de bas en haut.

Diablo connaissait presque toutes les têtes en ville mais il ne reconnaissait pas celle-là.

Il y a de plus en plus de nouvelles têtes ici, pensait Diablo. *De plus en plus de choses qui pourraient attirer l'attention des autorités. Il faut que ça cesse !*

— Si tu ne sais pas qui je suis, c'est que tu es nouveau ici.

— Peut-être bien que oui, peut-être bien que non. Mais je t'ai posé une question. T'es qui, toi ?

Daring Diablo était choqué. Personne à Skull Tooth n'avait jamais osé lui parler sur ce ton.

— Je m'appelle Noël Cruz mais ici on me connaît sous le nom de *Daring Diablo,* a-t-il dit doucement, en fixant l'homme du regard.

— Quel nom stupide ! Et si tu ne sais pas où est Tex, **tant pis** pour toi. Allez salut ! a dit l'homme.

L'homme a fait voler un caillou d'un coup de pied puis il est parti. Quel **manque de respect** ! Diablo voulait descendre de son cheval et le **corriger**. Au lieu de cela, il a respiré profondément et il a regardé tout autour de lui. Le *Windy Plains Saloon* était de l'autre côté de la rue et il a entendu des voix venant de l'intérieur. Puisqu'il était en ville, pourquoi ne pas aller voir ce qui se passait ?

— Regardez qui est là ! Viens t'asseoir avec nous, Diablo ! a crié un homme quand Diablo est entré dans le saloon.

L'homme était assis à une table avec d'autres et Diablo s'est assis avec eux.

— Alors, qu'est-ce que tu viens faire en ville ?

— Ouais, ça fait longtemps qu'on ne t'a pas vu ici ! Tu ne vas pas en croire tes oreilles. Il y a un nouveau...

— Ouais, Erkek Tex, a coupé le premier homme. Il est en train de prendre le contrôle de tes affaires et il cause des ennuis à tout le monde... Sauf à ceux qui travaillent pour lui, bien entendu. Ils se font beaucoup d'argent mais nous, on reste fidèles à notre chef !

— Ouais, a dit le deuxième homme. C'est toi notre chef ! Qui a besoin de ce Tex ?

Diablo a regardé les hommes assis autour de la table. Puis, il a dit à voix basse :

— Bien ! Alors, les gars, je suis venu ici pour savoir deux choses : premièrement, où est Erkek Tex ? Et deuxièmement, qui veut m'aider à le chasser hors de la ville ?

Révision du chapitre 2

Résumé

Daring Diablo, de son vrai nom Noël Cruz, est un hors-la-loi recherché dans plusieurs États. Il se cache à Skull Tooth parce qu'il n'y a pas de shérif pour y faire la loi. Diablo ne veut pas que les choses changent ou que la ville prospère car cela pourrait attirer l'attention des autorités. Il n'aime pas Erkek Tex parce que Tex fait prospérer la ville. La femme de Diablo veut qu'il laisse Tex tranquille mais Diablo va en ville pour le trouver. Au saloon, Diablo rencontre quelques-uns de ses hommes et leur demande s'ils savent où trouver Tex. Il leur demande aussi s'ils veulent l'aider à le chasser de la ville.

Vocabulaire

recherché wanted

la récompense reward

en cavale on the run

rapporter to bring back

frapper à to knock on

maudit blasted

se mêler to interfere

chasser (quelqu'un) hors de to force (someone) out

se ficher to not care

le fusil rifle

manier to handle

tirer to shoot

descendre quelqu'un to shoot someone down

faire profil bas to lie low

se faire un nom to make a name for oneself

le chiffon cleaning cloth

tremper to dip in

le souffle breathing

tant pis too bad

le manque de respect lack of respect

corriger quelqu'un to thrash somebody

Compréhension

Sélectionnez une seule réponse pour chaque question.

6) Quelle déclaration concernant Daring Diablo est vraie ?

 a. Il a commis beaucoup de crimes.

 b. Celui qui le livrera à la justice sera bien payé.

 c. Il ne veut plus être en cavale.

 d. Toutes les déclarations.

7) La femme de Diablo lui demande ___.

 a. de tuer Erkek Tex

 b. d'aller en ville

 c. de laisser Tex tranquille

 d. de quitter Skull Tooth

8) De quoi est-ce que Diablo a vraiment peur ?

 a. Tex pourrait attirer l'attention sur la ville.

 b. Tex lui a pris le contrôle de toutes ses affaires.

 c. Tex est un meilleur chef de bande que Diablo.

 d. Tex pourrait lui faire du mal.

9) Diablo est choqué quand il parle à l'homme dans la rue car ___.

 a. il est habillé d'une façon bizarre

 b. il ne le connait pas mais cet homme lui manque de respect

 c. l'homme se moque du fusil de Diablo

 d. l'homme parle à la femme de Diablo

10) Daring Diablo ___.
   a. fait des projets pour aller au Mexique
   b. ne gagne plus du tout d'argent à Skull Tooth
   c. a peur qu'un shérif s'installe à Skull Tooth
   d. veut que la ville de Skull Tooth prospère encore plus

Chapitre 3 – L'affrontement

Daring Diablo a réussi à convaincre trois hommes qui étaient dans le saloon de venir avec lui. Le petit groupe **est sorti en trombe** dans les rues de Skull Tooth, en criant :

— Tex, t'es où ? Montre-toi !

Diablo en avait assez. Il était temps que quelqu'un quitte la ville et ce ne serait pas lui. C'était l'heure de l'**affrontement**.

Diablo est entré brusquement chez **le barbier**. Tex s'y trouvait. Il n'avait l'air qu'à moitié surpris de voir Diablo faire son apparition.

— L'un de nous est de trop dans cette ville, a crié Daring Diablo. Il faut que tu partes !

Il **s'est tu** un instant puis il a ajouté :

— Ou c'est moi qui vais te faire partir !

Diablo avait son fusil à la main. Il l'a levé et a tiré dans le plafond. Un bruit **a retenti** et de la **poussière** est tombée. Erkek Tex était en train de se faire couper les cheveux et tailler la moustache, assis sur la chaise du barbier. Ce dernier, un homme obèse aux joues rouges, s'est figé.

— Continue ! Je ne t'ai pas dit d'arrêter, a dit Tex au barbier.

Le barbier a regardé autour de lui, l'air nerveux, et il s'est remis à couper les cheveux de Tex tout en gardant un œil sur Diablo et sa bande.

— Oh ! a hurlé Daring Diablo, tu as entendu ce que je t'ai dit ?

— Tu es très tenace, Noël, a dit Tex, en appelant Diablo par son vrai nom. Tu vas finir par avoir des ennuis !

— Je ne suis pas venu ici pour **me disputer** avec toi, Tex, a répondu Diablo. Je suis venu pour te dire de ficher le camp.

Tex a fait signe au barbier d'arrêter. Il lui a **chuchoté** quelque chose et l'homme est parti. Puis, Erkek Tex s'est levé de sa chaise et il a passé un petit **peigne** dans sa grande moustache. Il avait toujours un peigne sur lui pour sa moustache car il aimait **soigner son apparence**, surtout pour ses ennemis.

Diablo ne comprenait pas bien la situation. *Pourquoi est-ce que Tex était si calme ?* Diablo a pointé son fusil sur Tex, qui s'est mis à marcher lentement vers la porte.

— Tu as raison, a dit Tex à haute voix en sortant de chez le barbier. C'est vrai, tu as raison, Daring Diablo, a-t-il répété à haute voix. Skull Tooth n'est pas assez grande pour moi. Alors, elle n'est certainement pas assez grande pour toi *et* moi.

Diablo et ses hommes ont suivi Tex dans la rue. Une petite **foule** s'était formée et le barbier était en train de raconter aux gens ce qui s'était passé dans son salon.

Tex marchait lentement, tout en parlant à la foule.

— Oui, c'est vrai. Cette ville n'est pas assez grande. Il faut qu'elle se développe encore plus car elle a un grand avenir devant elle !

Un petit **hourra** s'est fait entendre dans la foule.

— La ville a besoin de plus de commerces, de plus de monde. Et de plus d'argent, a dit Tex.

La foule a crié son accord. Diablo regardait autour de lui. *Qu'est-ce qui se passe ici ?* a-t-il pensé, paniqué. *Est-ce que j'arrive trop tard ? Est-ce que Tex a déjà le soutien des citoyens avec tout son argent et ses grands projets ? Est-ce que les choses ont déjà trop changé ? Jamais !*

— Va-t'en, Tex. Je suis chez moi ici. Ce n'est pas toi qui vas faire la loi, a dit Diablo.

La foule **a hué** et Tex a souri.

— Quand j'entends la foule, je n'ai pas l'impression que tu sois chez toi, Noël, a-t-il ri, mais alors pas du tout !

Diablo regardait tout autour de lui. La plupart des habitants étaient dans la rue et tout le monde regardait Diablo et ses hommes méchamment. Diablo avait peut-être des ennuis mais heureusement il savait qu'il n'était pas tout seul. Deux de ses hommes étaient cachés sur les **toits**. Si Erkek Tex bougeait le petit doigt, ses hommes **tireraient sur** lui.

— Je veux que tu partes, Tex ! On veut tous que tu quittes Skull Tooth. On veut que les choses redeviennent comme avant ! a crié Diablo.

— C'est vrai ce qu'il dit ? a demandé Tex, en regardant la foule. Si c'est vrai, alors d'accord, je quitterai la ville. Et toi, Noël Cruz, tu resteras ici, bien **planqué**, à l'abri du shérif.

Diablo s'énervait de plus en plus. Il n'avait pas besoin que Tex rappelle aux habitants qu'il était recherché et que **sa tête était mise à prix** !

— Je te l'ai déjà dit, Tex. Je ne suis pas venu pour me disputer. Il pointait toujours son fusil sur Tex. Ne m'oblige pas à te faire du mal !

— Non, non. Ne t'inquiète pas pour ça. Je te **donne ma parole**. Je n'obligerai jamais quelqu'un à faire du mal, a dit Tex, en regardant la foule en souriant. Ce n'est pas mon style. J'essaie d'être gentil avec les gens. J'essaie de leur apporter du travail et de l'argent mais je ne veux pas me battre. J'ai horreur de me battre.

La foule a applaudi de nouveau. Diablo a regardé autour de lui.

— Pourtant, tu as chassé Curly hors de la ville le jour de ton arrivée, a-t-il dit en colère.

— Tu as raison, Noël, tu as raison, j'avoue… Mais rappelle-toi ! a-t-il ajouté, en regardant la foule. Ce n'est pas moi qui ai cherché des embrouilles ce jour-là. Je n'ai fait que me protéger. Un homme a bien le droit de se protéger, non ?

Les personnes dans la foule ont acquiescé et quelqu'un a crié :

— Tex a raison !

Diablo savait que Tex était en train de mentir. Il savait que c'était lui qui avait commencé la dispute avec Curly et qui l'avait chassé hors de la ville, mais il ne pouvait rien faire. Les gens croyaient à la version de Tex.

— D'accord, Tex. Je vais compter jusqu'à dix, a commencé Diablo. Et **tu as intérêt à** être parti quand j'arriverai à dix.

— Du calme, Noël, je t'ai déjà dit que je partais. Tu restes et moi je m'en vais. J'espère seulement que tu vas pouvoir garder la main sur cette ville. J'espère pour toi que personne ne cherchera à toucher la récompense parce que ta tête est mise à prix !

Tex regardait la foule qui avait bien entendu ce qu'il avait dit.

— Je m'en vais. Adieu tout le monde. N'essayez de pas de me retenir ! a-t-il dit à haute voix

— Non, ne pars pas ! a dit un homme dans la foule. Toi, tu es un vrai chef !

— Oui, c'est vrai, tu es le meilleur, a dit quelqu'un d'autre. Skull Tooth a besoin de toi.

— Je sais, je sais, a dit Tex, en regardant autour de lui. Je ne veux pas partir mais Monsieur *Darling* Diablo ici présent...

— C'est *Daring*, pas *Darling* ! a interrompu Diablo en colère.

— Désolé, a dit Tex en souriant. Monsieur Diablo veut que je quitte la ville car il veut faire la loi ici. C'est à son tour maintenant... Du moins jusqu'à ce que quelqu'un se souvienne de cette récompense...

— Ce n'est pas ce que j'ai dit, a protesté Diablo, en regardant autour de lui, nerveusement. Je m'en fiche d'être le chef... Et arrête de parler de cette maudite récompense !

Daring Diablo s'inquiétait car il ne s'attendait pas à une telle réaction **de la part** des habitants de Skull Tooth. Il pensait que les habitants détestaient Tex tout autant que lui mais ils réagissaient à présent comme si Tex était leur meilleur ami.

— Provoque-le en duel, a hurlé quelqu'un dans la foule.

Tex a hoché la tête en regardant Diablo.

Tu sais, c'est moi le tireur le plus rapide de tout l'Oklahoma. C'est un fait. Mais pas contre autant d'hommes. Noël a amené ses amis avec lui ! Regardez les deux hommes sur le toit. Diablo est plus **malin** que moi, ça ne fait aucun doute. C'est lui votre chef. Il le **mérite** bien !

La foule a commencé à **murmurer.**

— Attendez, ce n'est pas ce que je veux, a crié Diablo. Je ne suis pas ici pour faire la loi. Ce que je veux, c'est que Skull Tooth ne devienne pas trop grande car sinon nous aurons un shérif, vous comprenez ?

Marty le barman est sorti de la foule et s'est mis à côté d'Erkek Tex.

— Mais notre shérif, c'est Tex ! Nous, on veut que ce soit lui qui fasse la loi ici !

Les gens ont crié et **applaudi**. Diablo regardait autour de lui nerveusement. Puis Marty a continué tout en regardant Tex. Il l'implorait.

— Tex, qu'est-ce qu'on peut faire pour que tu restes ?

Erkek Tex a secoué la tête.

— La seule chose qui me vient à l'esprit, c'est que… Si Noël Cruz n'était pas ici, nous n'en serions pas là !

Les gens se sont mis à murmurer de nouveau.

Tex a continué :

— Oui, s'il n'y avait pas de hors-la-loi dans cette ville, tout irait mieux.

Le murmure s'est amplifié.

— En fait, a dit Tex, en regardant autour de lui, si on **se débarrassait** des hors-la-loi, par exemple en les livrant à la justice contre une récompense, on serait en sécurité ici.

— Oui, tu as raison, a crié Marty.

— Oui, c'est vrai, a ajouté quelqu'un d'autre.

— À bas les hors-la-loi ! a crié un troisième homme.

Daring Diablo était de plus en plus nerveux et il avait raison d'avoir peur. Il a regardé sur les toits pour voir si ses hommes y étaient toujours mais il s'est rendu compte qu'ils avaient abandonné leur poste. Daring Diablo se sentait bien seul à présent.

— Écoutez, ce n'est pas moi, le problème, a dit Diablo, à la foule. C'est Tex. C'est lui qui change tout ici. C'est lui qui fait toutes ces histoires.

— Nous, on aime les changements de Tex, a répondu Marty. Il rend la ville plus sûre et il est concerné par notre avenir. On y vit mieux. Pas comme avec toi et tes hommes. **Tu as conduit cette ville à sa perte** et maintenant, on en a assez.

Marty a regardé attentivement la foule en colère avant d'ajouter.

— Attrapons-le ! Cinq cents dollars de récompense, c'est une jolie somme !

Plusieurs hommes se sont précipités sur Daring Diablo qui a dû partir en trombe. Noël Cruz, alias Daring Diablo, a été chassé hors de la ville comme un **lâche.** Tex le regardait courir dans la grand rue. Puis, Tex a regardé autour de lui et s'est dit :

— Non, les hors-la-loi ne sont pas les bienvenus ici. Pas dans *ma* ville.

Révision du chapitre 3

Résumé

Daring Diablo et ses hommes trouvent Erkek Tex chez le barbier. Diablo dit à Tex de quitter la ville. Tex sort de chez le barbier et commence à parler à la foule dans la rue. Tex rappelle aussi aux gens que la tête de Diablo est mise à prix. Diablo dit qu'il veut seulement que les choses ne changent pas dans la ville mais les gens ne l'écoutent pas. La situation commence à devenir inquiétante pour lui mais Diablo pense qu'il en sécurité parce que deux de ses hommes sont cachés sur les toits pour l'aider. Quand il regarde sur les toits, les hommes ne sont plus là et il se sent seul. Les gens disent qu'ils veulent que Tex reste et devienne leur nouveau chef. Finalement, les habitants chassent Diablo hors de la ville.

Vocabulaire

sortir en trombe to race out

l'affrontement (m) confrontation

le barbier barber

se taire to fall silent

retentir to ring out

la poussière dust

se disputer to argue·

chuchoter to whisper

le peigne comb

soigner son apparence to care about one's looks

la foule crowd

un hourra a cheer

huer to boo

le toit roof

tirer sur to shoot at

planqué (colloquial) hidden

mettre une tête à prix to put a price on someone's head

donner sa parole to give one's word

avoir intérêt à to be better off (doing something)

de la part on the part of

affronter to fight

malin cunning, shrewd

mériter to deserve

murmurer to whisper

applaudir to clap

se débarrasser to get rid of

conduire (quelque chose) à sa perte to drive (something) into the ground

lâche (m/f) coward

Compréhension

Sélectionnez une seule réponse pour chaque question.

11) Tex appelle Daring Diablo par son vrai nom ___.

    a. pour montrer qu'il n'a pas de respect pour lui

    b. parce qu'il ne se souvient pas de son nom

    c. parce qu'il connait Daring Diablo depuis longtemps

    d. pour montrer qu'ils sont devenus bons amis

12) Trouvez ces verbes dans le texte. Lequel est l'intrus ?

    a. huer

    b. applaudir

    c. murmurer

    d. regarder attentivement

13) Pourquoi est-ce que Tex sort de chez le barbier ?
   a. pour prendre l'air
   b. pour aller voir sa petite amie
   c. pour que les gens de la ville l'entendent
   d. pour que le barbier continue de lui couper les cheveux

14) Quelle raison est-ce que Tex donne pour avoir chassé Curly hors de la ville ?
   a. Curly trichait aux cartes.
   b. Il essayait de se protéger de Curly.
   c. Il protégeait Marty de Curly.
   d. Curly avait blessé le patron du magasin.

15) Qui chasse Daring Diablo hors de la ville ?
   a. Erkek Tex
   b. Le barbier
   c. Marty
   d. Les habitants de Skull Tooth

Petits copains et petites copines

Chapitre 1 – Un parfait petit copain ?

— Je ne peux pas **sortir avec** toi, Markus. Alors on n'en parle plus ! a dit Laïla.

Laïla passait ses vacances d'été chez elle, à Dijon. Elle venait de finir ses cours à **la fac** et elle était en vacances jusqu'en septembre. Elle prenait du bon temps, loin des études, et elle avait un petit boulot au centre commercial **du coin**. Cependant, son ami, Markus, lui manquait. Il était parti à Paris **suivre des cours** d'été.

Laïla savait que Markus l'aimait bien, bien plus qu'une simple copine. Ça faisait longtemps qu'il l'aimait mais il n'avait jamais **osé** lui demander si elle voulait sortir avec lui. Mais aujourd'hui, il **avait pris son courage à deux mains** ! Et le voilà au téléphone en train de lui poser la question, mais elle, elle lui disait non !

— Mais bien sûr que si, tu peux sortir avec moi ! a-t-il répondu à haute voix.

Markus était assis dans un parc et il appelait Laïla sur son portable. Il a souri, embarrassé, quand **une passante** l'a regardé, l'air surprise.

Laïla jouait avec ses longs cheveux noirs. Elle était dans son salon, **allongée** sur le canapé et elle ne savait pas quoi dire.

— Mes parents **flipperaient** si je sortais avec toi.

— Mais pourquoi ?

Markus, lui, se trouvait à Paris, à plusieurs heures de voiture de Dijon. Markus avait déjà rencontré les parents de Laïla et il savait qu'ils ne l'aimaient pas car il avait beaucoup de **tatouages** et les oreilles percées. En plus, il avait les cheveux **en brosse** et ses vêtements étaient un peu trop excentriques. Les parents de Laïla étaient un peu **vieux jeu** et ils n'aimaient pas tout ce qui **sortait de l'ordinaire.**

Markus savait pourquoi les parents de Laïla allaient flipper, il connaissait déjà la réponse à sa question. Alors, au lieu de cela, il lui a demandé :

— Tu dois *vraiment* le dire à tes parents ?

— Mais bien sûr que je dois le dire à mes parents. Je n'ai pas de secrets. Je leur dis tout, a-t-elle répondu.

— Mais tu n'es pas obligée de leur dire *absolument* tout, a-t-il contesté.

— Écoute, Markus, tu es gentil…, a commencé Laïla, mais elle n'a pas eu le temps de finir sa phrase.

— Oui, c'est vrai que je suis gentil, a interrompu Markus. Tu as raison, c'est exactement ça, je suis **un mec** génial, un mec merveilleux. Tes parents m'aimeraient bien s'ils me connaissaient un peu mieux. Ils *m'adoreraient,* en fait.

— Je suis sûre **qu'ils finiraient par** t'apprécier au bout d'un certain temps, a admis Laïla, en rigolant. Je n'irais tout de même pas jusqu'à dire qu'ils t'*aimeraient* ou t'*adoreraient*, mais oui, ils pourraient penser que tu as le potentiel pour être un bon petit copain, a-t-elle blagué.

— Le potentiel ? a rigolé Markus. **C'est la meilleure**, celle-là ! puis il a continué sur un ton un peu plus sérieux. Ne leur dis rien, alors !

— Je ne peux pas **mentir** à mes parents, Markus, a dit Laïla en se redressant sur le canapé. C'est hors de question, je ne leur mentirai pas !

— Quoi ? Mentir ? Mais je ne te demande pas de mentir, juste de ne rien leur dire, a **soutenu** Markus.

Markus regardait un homme qui passait devant lui en courant avec son chien.

— Si tu ne leur parles pas de moi, tu ne leur mens pas !

— Mais si, c'est mentir, a répondu Laïla. C'est **un mensonge** par omission !

— Oh, tout de suite les grands mots ! a blagué Markus. « Par omission ». Ce n'est pas du tout ça ! Si tu ne leur dis rien… Je veux dire, si tu ne leur dis rien à mon sujet…

— … Alors, j'ai **omis** des faits, a dit Laïla d'une voix sérieuse.

Soudainement, Laïla a changé de ton. Elle est devenue moins sérieuse.

— Et d'abord, « omission », ce n'est un grand mot !

Markus a rigolé.

— Tu sais, j'**ai raté** mon examen de français. Alors, pour moi, c'est un grand mot ! a-t-il blagué.

Markus était allemand et le français n'était pas **sa langue maternelle**. Son année à la fac n'avait pas été facile pour lui et c'est pour ça qu'il suivait des cours d'été à Paris.

— Si pour toi c'est un grand mot, alors c'est fini entre nous, a dit Laïla, en blaguant. Je ne peux pas sortir avec quelqu'un qui n'a pas de vocabulaire !

— Ah, sinon tu sortirais avec moi, c'est ça ? a dit Markus, en souriant.

C'était au tour de Laïla de rigoler.

— Bon, ben **tu m'as eue**, je suppose ! Oui, en fait, oui, c'est vrai, je t'aime bien. Voilà, je l'ai dit. Tu es content ?

— Tu as dit que tu m'aimais bien ! a répété Markus.

Pendant toute la conversation, il était resté assis sur son banc dans le parc mais quand Laïla lui a dit qu'elle l'aimait bien, il s'est levé et s'est mis à tourner en rond.

— Super ! Et pourtant, je ne peux pas **sauter de joie**.

— Mais, qu'est-ce que tu veux dire ? Laïla ne s'attendait pas à cette réponse.

— Réfléchis un peu, a-t-il dit. Tu dis que tu m'aimes bien, mais c'est encore **pire** de savoir que même si tu m'aimes bien, on ne peut pas sortir ensemble. C'est frustrant, ça !

— Laisse-moi terminer ! a dit Laïla. Elle s'est levée du canapé et s'est mise à tourner en rond dans le salon. Je ne rigole pas, Markus. Je te promets qu'on va sortir ensemble. Quand tu auras fini tes cours d'été et que tu seras de retour à Dijon, on pourra se voir mais je vais devoir en parler à mes parents.

C'était une excellente nouvelle pour Markus ! Comme ses cours se terminaient à la fin du mois, il allait bientôt revoir Laïla. Cependant, il se demandait toujours pourquoi elle devait en parler à ses parents. Comme il ne comprenait pas du tout, il a décidé de lui demander.

— Je ne comprends toujours pas pourquoi tu dois parler de notre relation à tes parents ? Tu as besoin de leur permission, c'est ça ?

— Mais non, je n'ai pas besoin de leur permission. C'est comme ça, c'est tout. Ça fait partie de notre culture. Tu sais ma famille n'**est** pas **originaire de** France, non plus. Nous avons des traditions différentes en Tunisie.

— Oui, je sais. Nous aussi, nous avons des traditions différentes dans ma famille.

— Oui, tu me l'as déjà dit. Mais là d'où je viens, les enfants respectent leurs parents. Nous leur confions tout.

— Ce n'est pas juste de dire ça. Moi aussi, je respecte mes parents.

— Tu les respectes ? Tu leur confies tout, Markus ?

— Euh... a dit Markus, en réfléchissant.

Markus ne voyait pas ses parents et il ne leur parlait pas très souvent. Il ne leur demandait pas toujours **conseil** non plus, mais ça, il ne voulait pas le dire à Laïla. Finalement, il s'est contenté de dire :

— Eh bien, j'essaie de leur parler toutes les semaines.

— Ce n'est pas **pareil**, mais..., a commencé Laïla.

Elle a fait une pause. Écoute, ce n'est pas grave. Ne t'inquiète pas ! Dis-moi plutôt, quand est-ce que tu auras fini tes cours d'été ?

— Le mois prochain. Ils ne durent pas longtemps, tu sais. Je vais seulement à ces cours pour le **rattrapage** des examens que j'ai ratés.

— Oui, je sais. Tu as raté deux examens, c'est ça ?

Il y a eu un silence à l'autre bout du fil.

—Markus, ne t'inquiète pas. Je sais que tu es intelligent. Des fois, les choses peuvent être compliquées quand on est loin de chez soi. Je sais que **tu peux y arriver**.

— Merci. J'étudie beaucoup, tu sais. En fait, mes profs savent que je suis un bon étudiant. C'est juste que je trouve la grammaire difficile et les cours sont en français, alors des fois **j'ai du mal** !

Laïla comprenait. Elle aussi avait eu du mal avec certains cours l'année dernière mais elle avait eu un **professeur particulier** qui l'avait beaucoup aidée.

— Quand tu seras de retour, je vais t'aider avec ton français. Je te montrerai tout ce que mon professeur particulier m'a appris. **J'y tiens** !

— Vraiment ? Ça m'aiderait beaucoup. Mais il faut d'abord que je fasse un truc.

— Quoi ? a demandé Laïla, surprise

— Si tu veux être ma prof particulière, a-t-il dit d'une voix sérieuse, il faut d'abord que j'en parle à mes parents. Markus **a éclaté de rire**.

— Très drôle ! a dit Laïla, en secouant la tête. Tu vas voir, rien que pour ça, je vais être une prof très sévère !

Révision du chapitre 1

Résumé

Laïla est une étudiante originaire de Tunisie qui habite à Dijon, en France. La fac est finie pour les vacances et Laïla a un petit boulot. Elle est en train de parler au téléphone avec Markus, son ami allemand. En ce moment, Markus est à Paris où il suit des cours de rattrapage. Markus dit à Laïla qu'il aimerait bien sortir avec elle mais Laïla dit qu'elle doit d'abord en parler à ses parents. Markus lui dit qu'elle n'a pas vraiment besoin de leur dire. Laïla n'est pas d'accord mais elle avoue à Markus qu'elle l'aime bien. Puis, elle lui dit qu'elle va être sa prof particulière quand il sera de retour à Dijon.

Vocabulaire

sortir avec quelqu'un to date someone, to go out with someone
la fac uni(versity)
du coin local
suivre des cours to take classes
oser to dare
prendre son courage à deux mains to pluck up the courage
le passant passer-by
allongé lying down
flipper to freak out
le tatouage tattoo
en brosse spiky
vieux jeu old school, conservative
sortir de l'ordinaire to stand out, out of the ordinary
le mec bloke, guy
finir par to end up
mentir to lie
C'est la meilleure ! (colloquial) That takes the cake!

soutenir to argue

le mensonge lie

omettre to omit

rater to fail

la langue maternelle mother tongue

avoir quelqu'un (colloquial) to trick someone

sauter de joie to jump for joy

pire worse

être originaire de to come from

un conseil a piece of advice

C'est pas pareil. (colloquial) It's not the same.

le rattrapage resit

Tu peux y arriver. You can do it.

avoir du mal to find it difficult

le professeur particulier tutor

j'y tiens I insist

éclater de rire to burst out laughing

Compréhension

Sélectionnez une seule réponse pour chaque question.

1) Laquelle de ces déclarations n'est pas vraie ?
   a. Markus aime Laïla.
   b. Les parents de Laïla vont sans doute ne pas aimer Markus.
   c. Laïla aime Markus.
   d. Les parents de Markus ne vont sans doute pas aimer Laïla

2) Pourquoi est-ce que Laïla veut absolument parler de Markus à ses parents ?

a. Elle a besoin de leur permission.

b. Elle n'a pas le droit de sortir avec quelqu'un.

c. Elle veut qu'ils lui donnent un conseil.

d. Elle aime tout leur confier.

3) Markus pense que les parents de Laïla ne l'aiment pas car ___.

a. il n'est pas tunisien

b. ils sont d'une culture différente

c. ils sont vieux jeu et lui, il a un look excentrique

d. il est traditionnel, pas comme Laïla

4) Laïla sortira avec Markus quand ___.

a. elle aura 21 ans.

b. il lui demandera.

c. il rentrera de Paris.

d. il changera sa coupe de cheveux.

5) Pourquoi est-ce que Markus a du mal dans ses études ?

a. Il est paresseux.

b. Il n'aime pas le français.

c. Il n'aime pas ses profs.

d. Le français n'est pas sa langue maternelle.

Chapitre 2 – Nous sommes juste de bons amis

Margot aimait passer du temps au téléphone. Elle adorait bavarder avec ses amis, surtout à propos de leurs petits copains. Il pleuvait ce jour-là et comme elle s'ennuyait, elle a décidé d'appeler Laïla, son amie **de longue date**. Elle avait entendu une rumeur intéressante et elle voulait entendre la vérité directement de la bouche de Laïla.

— Salut, Laïla. Tu sais que Mehdi est à Paris en ce moment ?

— Ah bon ? a dit Laïla. Mehdi, ton petit copain ? Je me souviens bien de lui, il est adorable et très beau. Qu'est-ce qu'il fait à Paris ?

— Il suit des cours d'été. En fait, tu ne devineras jamais où il est !

— Non, je ne sais pas.

Laïla n'aimait pas **les devinettes**. En plus, elle était **pressée**. Elle devait bientôt aller travailler et comme elle était en train de choisir ses vêtements, elle ne pouvait pas vraiment se concentrer sur la conversation.

— Paris est une grande ville, a-t-elle continué. Mehdi pourrait être n'importe où.

— Mehdi est dans le nord de Paris et il est dans la même université que Markus, a dit Margot, toute excitée.

— Oh ! C'est intéressant, a dit Laïla, légèrement surprise. Elle ne savait pas vraiment pourquoi Margot lui disait ça. Je suis sûre que Mehdi et Markus seront contents de passer du temps ensemble. Ils se connaissent bien ?

— Ils se connaissent un petit peu, a commencé Margot, d'une voix bizarre. Et ils sont de plus en plus proches de jour en jour. En fait, ils ont commencé à se parler beaucoup plus, récemment !

Margot a fait une pause.

– Alors Laïla, Markus a dit à Mehdi qu'il t'aimait bien. Vous allez sortir ensemble, vous deux ?

Ah, c'est donc pour ça qu'elle m'appelle, a pensé Laïla.

— Eh bien, je ne sais pas trop. Je lui ai dit qu'on pourrait sortir ensemble quand il sera de retour à Dijon. C'est juste que… Eh bien, en fait, nous sommes juste de bons amis. Ce que je veux dire, c'est qu'on aime bien passer du temps ensemble et…

— Allez, ne fais pas ta timide ! a interrompu Margot. Je suis ton amie. Tu peux tout me dire. Elle a fait une pause. Tu sais, je suis déjà sortie avec Markus. On est sortis ensemble il y a deux ans quand nous étions en première année.

— Oui, je me souviens.

Elle n'en avait qu'un vague souvenir car Margot avait eu beaucoup de petits amis !

— Alors, tu pensais que tu allais pouvoir garder ton petit secret ? a demandé Margot, surprise.

Laïla était presque prête à aller travailler. Elle a regardé l'heure et elle s'est aperçue qu'elle n'avait que vingt minutes pour arriver à son travail au centre commercial. Elle n'avait donc pas vraiment le temps de continuer la conversation.

— Ce n'est pas du tout un secret, Margot. Il n'y a pas vraiment grand-chose à raconter et de toute façon, il faut que **je me dépêche** ou je vais être en retard au travail, alors…

— Attends, Laïla ! Donne-moi seulement les grandes lignes, a insisté Margot.

— Ok. D'accord, **a soupiré** Laïla. Ce que tu peux être tenace, toi ! Alors, Markus m'a demandé si je voulais sortir avec lui. Il attendu d'être à Paris pour me le dire. Je ne savais pas qu'il m'aimait à ce point.

— Ces mecs, tous les mêmes ! Ils choisissent bien leur moment, pas vrai ! a interrompu Margot.

Laïla **a levé les yeux au ciel**.

— En fait, a continué Margot, je me souviens que Markus était toujours en retard pour tout quand nous sortions ensemble. Un jour…

Laïla voulait changer de sujet mais elle ne pouvait pas **placer un mot**. Elle ne voulait vraiment pas penser à Markus et Margot en couple. Elle a donc continué à s'habiller et n'écoutait pas ce que Margot lui disait jusqu'à ce qu'elle finisse par s'arrêter.

— C'est vraiment rigolo, non ? a demandé Margot, en riant.

— Euh, oui, c'est rigolo. C'est tout à fait Markus, a répondu Laïla mais elle ne savait pas de quoi Margot parlait.

— Alors, Et Mehdi ? a demandé Laïla, en sautant sur l'occasion pour changer de sujet. Il est très gentil. Ça fait longtemps que vous êtes ensemble. Vous êtes toujours ensemble, n'est-ce pas ?

— Non, pas vraiment…, a dit Margot. Il y a eu une longue pause. En fait, nous **avons cassé** avant son départ pour Paris. Je suis prête **à passer à autre chose** maintenant.

— Oh vraiment, je ne le savais pas, a dit Laïla, surprise. Tu ne me l'avais pas dit. Je suis désolée. Alors, tu ne le vois plus du tout ?

— Eh bien, je ne voulais rien dire mais…, a commencé Margot. En fait, nous sommes restés en bons termes. Nous sommes toujours amis et on se parle de temps en temps. Mais, comment dire… Mehdi n'était pas vraiment ce qu'il me fallait !

Laïla savait que son amie était très difficile quand il s'agissait de ses petits copains. C'est pour ça qu'elle en avait eu beaucoup. Margot ne sortait pas longtemps avec eux car elle leur trouvait toujours quelque chose qui n'allait pas. Margot aimait l'enthousiasme des premiers jours puis elle **se lassait**. Elle était comme ça !

Margot était sortie avec Mehdi pendant quelques mois et tout le monde pensait qu'ils formaient un beau couple, y compris Laïla. En fait, Laïla pensait que Mehdi allait sans doute être **le bon**, alors elle était un peu choquée d'entendre Margot dire que Mehdi n'était pas la personne qu'il lui fallait.

— Ah bon, ça n'allait pas bien avec lui ? a-t-elle demandé. Qu'est-ce qu'il t'a fait ?

Elle a de nouveau regardé l'heure. Le temps pressait mais elle voulait savoir ce qui s'était passé alors elle a mis son téléphone sur haut-parleur et a continué de se préparer en écoutant Margot.

— Pour commencer, Mehdi aime bien flirter.

— Oh, non. Vraiment ? Est-ce qu'il… Est-ce qu'il t'a **trompée** ?

— Non, je ne crois pas. Non, je suis sûre qu'il n'était pas avec une autre fille, mais je **ne supporte pas** que mon mec **mate** les autres filles, qu'il les **drague** ! Je ne supporte pas ça, **un point c'est tout** ! Il est temps pour moi de passer à autre chose, Laïla. Je n'en peux plus de ces histoires !

Laïla a haussé les épaules.

— Ouais, c'est vrai que mater les autres filles, c'est pas sympa. C'est un peu un manque de respect mais en même temps, il ne faisait que les regarder, non ? Ce que je veux dire, c'est qu'il n'est pas sorti avec une autre fille, ou si ?

— Non, je ne crois pas, a répondu Margot. Mais je sais que Mehdi faisait plus que les regarder. Il parlait avec beaucoup d'autres filles et il flirtait même avec certaines d'entre elles.

— Mais où ça ? a demandé Laïla, curieuse.

— Quoi ?

— Où est-ce qu'il parlait à d'autres filles ? a demandé une nouvelle fois Laïla.

— Au café, a répondu Margot à voix basse.

— Le café où il a travaillé le semestre dernier ? a dit Laïla, surprise.

— Oui, a répondu calmement Margot. Et où il travaillera encore quand il va rentrer. Au *Café de la Place* où toute la journée il sert des cafés à de jolies filles.

Laïla s'est mise à rire et elle s'est couvert la bouche.

— Qu'est-ce qui te fait rire ? a demandé Margot. Elle s'énervait un petit peu.

— Eh bien, Margot, sois réaliste ! Si Mehdi travaille dans un café, c'est son boulot de parler aux clients !

— Oui, je suppose…, a répondu Margot, lentement.

— Tu supposes ? Allons Margot, sois raisonnable ! Ne sois pas injuste avec lui. Ce que je veux dire, c'est que s'il parle aux gens au travail, tu ne peux pas vraiment...

— Il ne fait pas que leur parler ! Il flirte avec elles. Il y a une grande différence ! Ne sois pas si naïve, Laïla !

— Je ne suis pas naïve. Elle aussi commençait à s'énerver. Tu fais ta difficile ! Peut-être qu'il leur parle pour avoir des **pourboires** ! Tu sais qu'il gagne plus d'argent s'il est plus sympa avec les clients. Il n'y a absolument aucune raison d'être jalouse. Il parle sans doute à ces filles car c'est son boulot et qu'il veut être poli !

— Il n'est pas obligé d'être *aussi* poli ! a dit Margot, d'un ton **sournois**. En plus, toi tu n'aimerais pas ça que Markus fasse pareil ! Tu serais jalouse, avoue-le !

— Non, pas du tout, a répondu Laïla, confiante. Je lui **ferais confiance**. C'est la base de toute relation. Et en plus, en ce moment, ça n'a pas d'importance car je ne sors pas encore avec Markus. On vient juste d'en parler. Pour le moment, nous ne sommes que de bons amis.

— Hum... C'est vrai, a répondu Margot, d'une voix étrange. Alors, techniquement, tu es toujours **célibataire** et Markus aussi. Donc, si tu **prends parti** pour Mehdi, peut-être que tu devrais sortir avec lui. Et moi, je sortirai avec Markus ! Après tout, Markus et toi, vous n'êtes que « *de bons amis* », pas vrai ?

— Quoi ? Tu es folle ! s'est exclamée Laïla. Elle n'avait plus le temps de parler et elle **en avait assez de** Margot. Écoute, Margot, je dois y aller, maintenant. Je sais très bien que tu es en train de **blaguer** mais ce n'est vraiment pas drôle !

Margot a rigolé :

— Tu as dit que tu n'étais pas jalouse, Laïla. C'est quoi le problème ? Je crois bien que tu es jalouse en fait !

Laïla a soupiré. Elle cherchait quelque chose à manger dans la cuisine mais il n'y avait rien. Elle allait devoir prendre son petit-déjeuner au travail.

— On continuera cette conversation plus tard. Je n'ai vraiment pas le temps de me disputer !

Laïla **a raccroché** sans dire au revoir et elle est sortie de chez elle.

Chapter 2 Review

Résumé

Margot appelle son amie Laïla au téléphone. Margot lui dit qu'elle sait qu'elle sort avec Markus mais Laïla lui explique la situation. Margot dit à Laïla qu'elle a cassé avec son petit copain, Mehdi. Elle lui raconte que Mehdi flirtait avec d'autres filles au travail mais Laïla lui dit que Mehdi n'a rien fait de mal parce qu'il ne faisait que son boulot. Margot dit à Laïla qu'elle devrait sortir avec Mehdi et elle dit aussi qu'*elle va peut-être* sortir avec Markus puisque Laïla dit qu'ils sont simplement de bons amis. Laïla s'énerve et raccroche sans dire au revoir, puis elle va travailler.

Vocabulaire

de longue date old

la devinette guessing game

pressé in a hurry

se dépêcher to hurry up

soupirer to sigh

lever les yeux au ciel to roll one's eyes

placer un mot to put a word in

casser to break up (a relationship)

passer à quelque chose d'autre to move on

se lasser to get bored

le bon (colloquial) the one

ne plus avoir beaucoup de temps to run out of time

tromper to cheat

ne pas supporter can't stand

mater to check out

draguer to flirt

Un point c'est tout ! (colloquial) That's it, full stop!

le pourboire tip

sournois sly

faire confiance to trust

célibataire single

prendre parti pour to take (someone's) side

en avoir assez to have had enough

blaguer to joke

raccrocher to hang up

Compréhension

Sélectionnez une seule réponse pour chaque question.

6) Margot appelle Laïla car elle veut ___.

    a. tout savoir sur son travail

    b. savoir ce qui se passe entre Markus et Laïla

    c. savoir ce que Laïla fait cet été

    d. parler de Mehdi à Laïla

7) Qui a dit à Margot que Markus voulait sortir avec Laïla ?

    a. Mehdi

    b. Laïla

    c. Markus

    d. Aucune des personnes ci-dessus

8) Trouvez les expressions dans l'histoire. Laquelle ne s'utilise pas quand on parle de sortir avec quelqu'un ?

    a. flirter

    b. tromper

    c. mater

    d. lever les yeux au ciel

9) Laïla pense que Margot est jalouse car ___.
   a. Margot pense que tous les mecs trompent leur copine
   b. Margot est trop difficile
   c. Margot pensait que Mehdi sortait avec quelqu'un d'autre
   d. Laïla veut sortir avec Mehdi

10) À la fin du chapitre, Margot pense ___.
   a. que Laïla et Markus devraient casser
   b. qu'elle devrait ressortir avec Mehdi
   c. que Laïla ne devrait sortir avec personne
   d. que Laïla devrait sortir avec Mehdi

Chapitre 3 – Vous faites une bonne paire !

Markus était très content car ses cours d'été arrivaient à leur fin. Tout allait bien et il savait qu'il allait avoir de bonnes notes. *Quand je retournerai à l'université à Dijon, peut-être que je serai au même niveau que Laïla et qu'on pourra alors suivre les mêmes cours. J'ai travaillé dur, je le **mérite**.*

Il était heureux parce qu'il allait bientôt quitter Paris. Dans deux semaines, il serait de retour à la fac et il pourrait voir Laïla, peut-être tous les jours s'ils suivaient les mêmes cours. En plus, elle lui avait promis de sortir avec lui quand il serait de retour alors il était impatient de rentrer.

Markus a été **interrompu** dans ses pensées par la sonnerie de son téléphone. C'était son ami, Mehdi. Markus et Mehdi se connaissaient depuis longtemps mais ils n'avaient jamais été proches. Comme ils suivaient les mêmes cours d'été, ils se voyaient un peu plus maintenant. Quelquefois, ils prenaient leur déjeuner ensemble et le soir, ils aimaient regarder un film ou aller prendre un verre quand ils avaient fini d'étudier. Mehdi **était toujours d'humeur à** parler à d'autres filles alors que Markus, lui, pensait tout le temps à Laïla. Il était impatient de dire à Mehdi que Laïla avait accepté de sortir avec lui !

— Salut Mehdi, a dit Markus, en répondant au téléphone.

— Salut Markus. Il faut que je te parle.

— Drôle de coïncidence. Moi aussi, je voulais te parler, a dit Markus, très content de lui apprendre la bonne nouvelle.

— Oh, a dit Mehdi, un peu surpris. D'accord, **toi d'abord**. **Quoi de neuf ?**

Markus a réfléchi un instant. Il voulait vraiment dire à Mehdi qu'il allait sortir avec Laïla mais Mehdi venait de casser avec sa petite amie, Margot. Il était encore assez triste alors ce n'était peut-être pas une bonne idée de lui annoncer la nouvelle.

— Je voulais te demander comment tu allais. Enfin, depuis que tu as cassé avec Margot ?

Mehdi a soupiré.

— Je ne voulais rien dire mais ça ne va pas trop. Je pensais qu'on allait **se remettre ensemble**...

— C'est pour ça que je t'ai posé la question. Je savais qu'**il y avait quelque chose qui clochait** et je commençais à m'inquiéter.

— Merci. Je vais bien, en fait. Je t'assure.

— Tu es sûr ? Tu veux qu'on en parle ?

— Oh, tu sais comment c'est.

Mehdi a rigolé mais Markus savait bien qu'il ne trouvait pas la situation amusante.

— Margot et moi, nous sommes toujours amis mais j'**ai** toujours **de la peine.** Elle a été injuste avec moi. Elle croyait que je flirtais avec toutes les autres filles et elle m'a même accusé de profiter de mon boulot pour me trouver une autre petite amie ! Comme si j'allais faire un truc comme ça !

— **Sans blague ?** a répondu Markus. Après une courte pause, il a demandé : mais, elle avait raison ou pas ?

— À quel sujet ?

— Quand elle dit que tu voulais te trouver une autre petite amie au boulot ?

— Mais bien sûr que non ! a dit Mehdi, **sur la défensive**. Pas du tout ! Je ne ferais jamais un truc comme ça ! J'essayais d'être sympa, je faisais juste mon boulot. Mais le problème, c'est que Margot pense que j'ai fait quelque chose de mal et que je n'arrive pas à la faire **changer d'avis**. Elle pense que je flirtais avec les clientes du café.

— Mais, c'est pas vrai, si ?

— Eh bien, quelquefois c'est vrai que je flirtais un tout petit peu... Mais je n'appellerais pas ça « flirter ». J'essayais juste d'être gentil, le plus gentil possible. Tu vois ce que je veux dire ? C'était complètement innocent.

Markus a réfléchi un instant et il a demandé :

— Qu'est-ce que tu veux dire, « c'était complètement innocent » ?

— J'essayais d'être gentil pour avoir plus de pourboires. C'est comme ça que ça marche dans ce genre de boulot. Tu ne gagnes pas **des masses** alors tu dois tout faire pour essayer d'avoir des pourboires. Tu comprends ?

Markus a fait oui de la tête.

— Oui, je comprends !

— En fait, des fois je m'arrêtais de servir et je prenais un café..., a continué Mehdi. Mais seulement avec une ou deux filles. Et, c'était seulement pour vendre plus de cafés ! **Je te jure !**

Markus a ouvert grand les yeux, surpris.

— Tu prenais un café avec des clientes ?

— Oui, mais c'était seulement pour le boulot, a expliqué Mehdi. Puis il a continué, l'air **coupable.** Et, j'ai aussi demandé un ou deux numéros de téléphone ! Mais je ne les ai jamais appelées. Enfin… Si elles ne répondaient pas à mes **textos**, je **laissais tomber**.

Markus a soupiré. Il commençait à comprendre ce qui s'était passé.

— Pourquoi est-ce Margot ne peut pas comprendre ça ?

— Comprendre quoi ?

— Que je faisais mon boulot et rien d'autre ! Oh, je viens d'avoir une idée… Peut-être que tu pourrais lui parler ? Tu pourrais **plaider ma cause** ? Mais ne lui dis surtout pas que j'ai bu un café avec des filles ou que je leur ai envoyé des textos.

Markus a réfléchi un instant avant de répondre.

— Je ne crois pas que ce soit une bonne idée, Mehdi.

— Pourquoi pas ?

— Eh bien, il faut que je te dise quelque chose. Ce n'est pas si important que ça mais il faut que tu le saches.

Il a mis un moment avant de continuer.

— Je suis sorti avec Margot. Ça n'a pas duré et c'était il y a longtemps !

— Oui, je sais. Elle m'en a parlé. Et alors ?

— Eh bien, Margot est formidable. Elle est vraiment géniale et franchement, quand on sortait ensemble, je l'aimais beaucoup. Mais en fait, j'avais le même problème que toi : elle était hyper jalouse.

— Quoi ? Elle pensait que tu flirtais avec d'autres filles ? Mehdi n'en croyait pas ses oreilles. Ainsi, il n'était pas le seul à avoir eu ce problème avec Margot.

— Oui, c'est ça. Et on dirait que tu as le même problème. Elle est vraiment jalouse. Mais bon, on dirait que toi, tu as des choses à te reprocher, donc...

— Waou ! C'est un **soulagement** de savoir que je ne suis pas le seul !

Mehdi avait profité de ce que Markus avait raconté au sujet de Margot pour dire qu'en réalité, c'était *elle* qui avait des problèmes. Il avait cependant oublié un petit détail : il avait vraiment flirté avec d'autres filles !

— Il est peut-être temps que j'oublie Margot et que je passe à autre chose, tu sais. Je pourrais trouver quelqu'un qui m'apprécie vraiment, quelqu'un de vraiment sympa.

Il y a eu un silence, comme si Mehdi réfléchissait profondément.

— Oui, pourquoi pas ? a dit Markus.

Mehdi avait l'air très content de savoir que Markus le comprenait et Markus était content de pouvoir l'aider. Peut-être qu'en effet, il était temps que Mehdi passe à autre chose et essaye de se trouver une nouvelle petite amie.

Soudainement, Markus a décidé que le moment était venu d'annoncer la bonne nouvelle à Mehdi. Cela lui donnerait peut-être l'espoir que lui aussi pourrait trouver quelqu'un de spécial.

— Au fait Mehdi, j'ai une nouvelle à t'annoncer.

— Ah bon ! Quoi donc ?

— C'est à propos de Laïla. Tu te souviens ? Je t'avais dit que j'avais vraiment envie de sortir avec elle.

— Ouais. Tu as toujours voulu sortir avec elle mais tu as toujours été trop timide pour lui demander. Et alors ?

— Oui c'est vrai mais j'ai enfin pris mon courage à deux mains et je lui ai posé la question !

— Tu lui as vraiment demandé ? Et alors ? Elle a dit oui ?

Markus s'est tu un instant. *Pourquoi est-ce que Mehdi doutait de la réponse de Laïla ?*

— Bien sûr qu'elle a dit oui, mais elle veut d'abord en parler à ses parents. C'est ce qu'elle m'a dit. Mais…

— Oh ! a interrompu Mehdi. Le son de sa voix était bizarre. Eh bien, pourquoi est-ce qu'elle veut en parler à ses parents, à ton avis ?

— Je ne sais pas. Elle a dit qu'elle aimait tout leur confier.

— Tu ne penses pas que c'est à cause de ton look ?

— Non, a répondu Markus. Bon, peut-être un petit peu… Mais attends, qu'est-ce que tu veux dire par là ?

— Eh bien… ses parents sont assez vieux jeu. Tu **ne te sentirais pas à ta place** dans leur monde, tu ne crois pas ? **Il y a de fortes chances** que ça ne marche jamais entre ses parents et toi. À ta place, je ne sortirais pas avec elle.

— **Mince alors**, je n'y avais jamais vraiment pensé, mais…, a répondu Markus. Il a fait une pause. Attends ! Pourquoi est-ce que tu me dis tout ça, Mehdi ?

— Je te dis tout ça parce que j'essaie de te protéger… Et aussi parce que Laïla est…

— Laïla est quoi ?

— Eh bien… Tu sais, avant, elle venait assez souvent au café après les cours. Tu **es au courant**, n'est-ce pas ?

Markus n'était pas au courant mais il s'en fichait. Tout le monde allait prendre un verre au café.

— Ouais, et alors ? Ça n'a pas d'importance !

— Non mais... heu... il faut que je te dise quelque chose, Markus. Des fois, quand Laïla venait au café, on parlait beaucoup. Et, euh... Eh bien, j'avoue, c'est vrai que des fois, oui, je flirte un petit peu au boulot, tu sais, juste pour être gentil. Et je m'entends bien avec Laïla et je la trouve vraiment sympa, donc je m'étais dit que je devrais peut-être lui demander de sortir avec moi.

— Quoi, t'es pas sérieux ? Markus n'en revenait pas !

— Écoute. Je ne vais sûrement pas lui demander puisqu'elle t'a dit oui mais je voulais en être sûr. Comme Margot a cassé avec moi car elle est trop jalouse et que je n'ai pas de petite amie, je pensais que peut-être entre Laïla et moi, ça pourrait marcher...

— **Tu plaisantes**, j'espère ? Margot a cassé avec toi parce que tu flirtes avec d'autres filles. Tu viens de l'admettre. Je t'ai vu le faire ici et je t'ai vu le faire au café aussi. Je t'ai vu le faire partout, a dit Markus, en colère. Et je pense que tu flirtes avec d'autres filles parce que Margot est très **susceptible** à ce sujet. Tu sais quoi ? Je pense que tu aimes bien la provoquer et que Margot aime bien essayer de te contrôler ! Vous êtes **dingues**, tous les deux !

Mehdi ne trouvait rien à dire. Markus savait qu'il **avait touché une corde sensible** mais il en avait assez.

— Alors, écoute Mehdi. J'ai demandé à Laïla de sortir avec moi en premier, alors **laisse tomber**. Et, Margot et toi, vous devriez vous remettre ensemble. Vous faites une bonne paire, tous les deux !

Révision du chapitre 3

Résumé

Markus et Mehdi parlent au téléphone. Cet été, ils sont devenus plus proches. Markus s'inquiète à propos de Mehdi puisqu'il a cassé avec Margot, sa petite amie. Mehdi explique à Markus que Margot pensait qu'il flirtait avec d'autres filles. Mehdi affirme qu'il ne flirtait pas et qu'il faisait simplement son boulot. Plus tard, Markus dit qu'il a demandé à Laïla si elle voulait bien sortir avec lui. Mehdi est surpris et lui dit que leur relation ne va certainement pas marcher. Mehdi admet ensuite qu'en fait, il a vraiment flirté avec d'autres filles. Il dit à Markus qu'il a aussi flirté avec Laïla et qu'il voudrait lui demander de sortir avec lui. Markus se fâche et il dit à Mehdi de se remettre avec Margot. Il pense qu'ils font la paire parce qu'ils sont tous les deux un peu dingues !

Vocabulaire

mériter to deserve

interrompre to disturb

être d'humeur à to be in a mood to

toi d'abord you first

Quoi de neuf ? What's up?

se remettre ensemble to get back together

il y a quelque chose qui cloche (colloquial) something is off

avoir de la peine to be sad

Sans blague ? Seriously?

sur la défensive defensively

changer d'avis to change one's mind

des masses (colloquial) heaps

je te jure I swear

coupable guilty

le texto text message

laisser tomber to give up

plaider la cause de quelqu'un to put in a good word (for someone)

le soulagement relief

se sentir à sa place to feel at ease

Mince alors ! (colloquial) Gosh!

il y a de fortes chances it is very likely

être au courant to be aware

Tu plaisantes ! (colloquial) You must be joking!

susceptible sensitive

dingue (slang) crazy

toucher une corde sensible to hit a nerve

laisser tomber to drop (a subject)

Compréhension

Sélectionnez une seule réponse pour chaque question.

11) Pourquoi est-ce Markus veut avoir de bonnes notes ?
   a. Il veut finir la fac plus tôt.
   b. Ses parents ne sont pas contents de ses notes.
   c. La fac lui demandera d'arrêter s'il n'a pas de bonnes notes.
   d. Il veut pouvoir suivre les mêmes cours que Laïla.

12) Pourquoi est-ce que Markus ne parle pas tout de suite de Laïla à Mehdi ?
   a. Il pense que Mehdi va vouloir sortir avec Laïla.
   b. Mehdi n'est pas très content de ses cours.
   c. Mehdi est encore triste d'avoir cassé avec sa petite copine.
   d. Mehdi a de meilleures notes, alors Markus est jaloux.

13) Au début, Mehdi dit qu'il est gentil avec ses clientes car ___.
   a. il veut sortir avec elles
   b. il veut des pourboires
   c. son patron lui a dit d'être gentil
   d. il est très sympa

14) Markus ne veut pas plaider la cause de Mehdi car ___.
   a. il aime toujours Margot.
   b. il pense que Mehdi devrait sortir avec une autre fille
   c. il ne veut pas rendre Laïla jalouse
   d. il est sorti avec Margot et qu'il sait qu'elle est jalouse

15) Selon Markus, laquelle de ces déclarations est vraie ?
   a. Mehdi n'aime pas Margot car il flirte avec d'autres filles.
   b. Margot aime pouvoir contrôler Mehdi.
   c. Margot a eu raison de casser avec Mehdi.
   d. Toutes les déclarations.

Le défi des monstres

Chapitre 1 – La réunion mensuelle

Est-ce que votre travail vous ennuie ? a demandé la créature verte et **poilue** qui passait à la télévision.

— Pas du tout, a dit Louis le **Loup-garou**, en s'adressant à son téléviseur. Il a fini son soda et a écrasé la canette dans sa main.

*Est-ce que vous en avez assez de **faire peur** à tout le monde à longueur de temps ?* a continué la **pub.** *Voudriez-vous essayer de faire quelque chose d'autre ? Un métier où vous seriez gentil avec les gens ?*

— Non, merci, s'est dit Louis à voix haute en changeant de **chaîne**. **À quoi bon** être un monstre si on ne peut pas faire peur aux gens et en manger un de temps en temps ?

Louis **a roté** bruyamment et il a continué à zapper d'une chaîne à l'autre. Il n'avait jamais aimé la pub et préférait regarder les matchs de hockey sur glace. Il s'est mis à changer de chaîne de plus en plus vite, en essayant de trouver un match. Il ne s'arrêtait qu'une seconde ou deux sur une chaîne avant de passer à une autre. Comme tous les loups-garous, il n'avait pas beaucoup de patience.

— Ah ! Il n'y a rien de bien ! s'est exclamé Louis, en lançant, frustré, sa canette de soda écrasée dans la poubelle.

— Je suis d'accord, a dit une voix.

— Qui a dit ça ? a demandé Louis.

Il faisait très sombre dans la pièce et il n'y avait que la lumière de la télévision. Puisque Louis ne voyait personne, il **a reniflé** et a reconnu l'odeur tout de suite.

— Ah, c'est toi ! a dit le Loup-garou, surpris. Je ne savais pas que tu venais ce soir.

Le docteur Guérin, l'Homme Invisible, **a hoché la tête** mais bien sûr Louis ne pouvait pas le voir. En revanche, les loups-garous étaient capables de sentir l'odeur des humains. Les loups-garous avaient un très bon **sens de l'odorat** et pour eux, les humains sentaient mauvais, pour ne pas dire très mauvais.

— Tu m'as encore eu, a dit Guérin en rigolant. Il était de bonne humeur.

Le docteur Guérin s'était assis sur une chaise et avait pris le journal. Tout ce que le Loup-garou voyait, c'étaient un short et un journal. L'Homme Invisible n'aimait pas porter beaucoup de vêtements parce qu'on les voyait sur lui et lui, il préférait **fouiner** partout sans être vu.

Louis le Loup-garou et l'Homme Invisible étaient dans la nouvelle maison du comte Dracula en Virginie, aux États-Unis. La maison de Dracula était une très grande demeure qui valait très cher et qui était **entourée** d'un petit bois. En Virginie, il y avait beaucoup de bois et de collines et les monstres aimaient y vivre car ils pouvaient se cacher et **chasser**.

Louis et l'Homme Invisible attendaient que Dracula rentre. Dracula était leur chef et ce soir ils avaient leur réunion **mensuelle.** Tout le monde devait être présent : tous les montres « habituels » devaient y participer, même si ça voulait dire qu'ils devaient venir d'un autre pays.

— De toute façon, je suis d'accord avec toi, quant à « faire peur aux gens », Louis. Je ne sais vraiment pas ce que ce **mec** à la télé racontait. Si tu es un monstre, pourquoi ne ferais-tu pas peur aux gens ? Il a tourné la page de son journal mais il regardait Louis secrètement.

Louis a **froncé les sourcils** et on pouvait voir ses dents du bas, **pointues**.

— Mais, toi, tu n'es pas un vrai monstre. Tu es seulement un humain qu'on ne voit pas. Ça ne fait pas de toi un monstre !

— Je pense que ça dépend de ce que tu entends par « monstre ».

— Ok. Selon ma définition, tu n'es pas un monstre, a répondu Louis **en faisant la grimace**. Puis il a regardé autour de lui et il a ajouté :

— Tu vois Frankenstein ? Lui, il est vraiment très laid. Tu vois, pour moi, lui, c'est un monstre !

— Tais-toi, a dit Guérin à voix basse. Ne parle pas si fort. Je crois qu'il est dans la maison.

— Et alors ? Il n'entend pas très bien. Et puis, je n'ai rien dit de mal. J'ai simplement dit que c'était un monstre.

— D'accord. **Je ne peux pas dire le contraire.** Ce vieux Franky est un des monstres les plus horribles, a admis l'Homme Invisible. Je ne peux pas me comparer à lui. Il est bien plus horrible et bien plus **effrayant** que moi. Mais, moi, je fais peur aussi, tu sais !

— Tu n'es pas du tout effrayant, a interrompu le Loup-garou.

— Peut-être, mais moi, au moins, je suis intelligent, a continué Guérin en ignorant l'insulte. Frankenstein, c'est pas pareil, il est franchement stupide ! Ce mec, il ne pourrait jamais être chef, même pas un bon collaborateur. Tu vois ce que je veux dire ? Il ne sait pas faire **grand-chose**.

— C'est parce que tu ne le connais pas bien. Il est plus intelligent qu'on le pense. En plus, personne n'a dit qu'on avait besoin d'être intelligent pour être un monstre !

— Oui, ça, je sais, a dit Guérin, en s'énervant un peu. Mais pour faire avancer les choses dans ce monde, il faut être intelligent. Regarde, moi, je suis docteur.

— Oh, docteur… **Il n'y a pas de quoi en faire une montagne !** a dit Louis en levant les yeux au ciel.

Puis, il a marqué une pause avant de continuer :

— Bon, je suppose que si tu veux être chef, il faut être intelligent. Mais nous, les monstres, ce n'est pas le pouvoir qui nous intéresse. Nous nous contentons de rester dans l'**ombre**. Nous n'avons pas besoin de toute cette attention. Je n'ai pas besoin de me sentir important. Je veux juste faire peur, une ou deux fois par mois, et manger quelqu'un une fois de temps en temps. Mais **je n'ai pas soif** de pouvoir ! Tu devrais le savoir, depuis le temps ! a-t-il dit pour finir.

Louis se tenait face à Guérin mais il ne le voyait pas.

— Mais je pense que c'est ça, le problème, a expliqué Guérin. Nous devrions tous avoir plus soif de pouvoir ! Nous devrions être mieux organisés, nous montrer plus intelligents et alors là, nous, les monstres, nous pourrions dominer le monde entier !

Le Loup-garou **baillait**. L'Homme Invisible n'avait pas compris ce qu'il disait, une fois de plus ! Guérin racontait toujours la même chose et Louis avait déjà entendu mille fois son discours. Tout ce que l'Homme Invisible désirait, c'était dominer le monde. C'était une obsession.

Louis est allé dans la cuisine se faire du popcorn au **micro-ondes**.

— Si tu veux dominer le monde, vas-y ! a-t-il crié à Guérin depuis la cuisine. Personne ne te **retient** !

— Je ne peux pas y arriver tout seul, a crié Guérin, frustré. J'ai besoin de l'aide des autres monstres. Nous devons le faire ensemble.

— Honnêtement, les autres monstres s'en fichent complètement de tout ça.

Louis est revenu dans le salon quelques minutes plus tard avec un bol de popcorn. Le Loup-garou s'est assis devant la télé et a changé à nouveau de chaîne. Il n'y avait toujours rien de bien alors il a éteint la télé et s'est levé. Une fois la télé éteinte, il faisait complètement noir dans le salon.

— Il fait trop noir, ici, **s'est plaint** Guérin. Je n'y vois rien dans le noir.

— Moi, si ! a dit Louis, avec un sourire de loup. Il s'est placé derrière la chaise de l'Homme Invisible, a attrapé son journal et l'a déchiré.

— Grrr ! a hurlé Guérin.

— Alors, a dit Louis, maintenant tu sais ce que ça fait de ne pas pouvoir te voir, hein ?

— Ce n'est pas ma faute si je suis invisible. Je n'ai rien demandé !

— Si, c'est ta faute. C'est toi qui as fabriqué une boisson pour te rendre invisible.

— D'accord… Ouais, je suppose que tu as raison, mais…, a dit Guérin en **trébuchant** sur une petite table.

Guérin essayait de s'éloigner du Loup-garou car parfois, Louis avait tendance à **s'emporter** un petit peu.

— Allume la lumière, s'il te plaît, a-t-il dit un petit peu trop fort. J'en ai assez !

Dehors, dans le noir, on entendait un chien **hurler à la mort**. Puis, la porte s'est ouverte et un coup de vent a pénétré dans le salon. Dracula était entré sans faire de bruit.

— Bonsoir, a dit le vieux vampire en allumant la lumière de son long doigt **crochu**. De quoi parliez-vous dans le noir ?

— On parle de montres stupides, a dit l'Homme Invisible.

— Je vois, a dit Dracula. J'espère que vous n'étiez pas en train de parler de moi !

Le vampire a regardé Guérin droit dans les yeux et il a souri en montrant ses dents pointues.

Révision du chapitre 1

Résumé

C'était le jour de la réunion mensuelle de tous les monstres. Louis, le Loup-garou et Guérin, l'Homme Invisible sont chez Dracula, en Virginie. Ils ne sont pas d'accord sur le rôle que doivent jouer les monstres. Guérin pense que les monstres devraient dominer le monde mais il ne peut pas y arriver tout seul. Il a besoin de l'aide des autres monstres mais le Loup-garou dit que dominer le monde ne l'intéresse pas. Guérin pense que beaucoup de monstres sont trop stupides pour y arriver. Dracula arrive et veut savoir de quoi parlaient Louis et Guérin.

Vocabulaire

poilu hairy

le Loup-garou werewolf

faire peur to scare

la pub commercials, adverts

la chaîne channel

À quoi bon ? What is the point?

roter to burp

renifler to smell, to sniff

hocher la tête to nod

le sens de l'odorat (m) sense of smell

fouiner to sneak

entouré surrounded

chasser to hunt

mensuel monthly

le mec guy

froncer les sourcils to frown

pointu sharp

faire la grimace to pull a face

Je ne peux pas dire le contraire. I can't argue with you.

effrayant scary

grand-chose not a lot

Il n'y a pas de quoi en faire une montagne ! It's not a big deal!

avoir soif to be thirsty

une ombre shade

bailler to yawn

un micro-ondes microwave oven

retenir to hold back

se plaindre to complain

trébucher to trip over

s'emporter to flare up

hurler à la mort to howl to death

crochu clawed, hooked

Compréhension

Sélectionnez une seule réponse pour chaque question.

1) Lequel des adjectifs suivants décrit le mieux Louis ?

    a. calme

    b. poli

    c. impatient

    d. en bonne santé

2) Louis veut ___.

    a. être comme l'Homme Invisible

    b. avoir beaucoup de pouvoir

    c. faire peur aux gens de temps en temps

    d. que tout le monde le remarque

3) Au début, Louis sait que la personne qui parle est Guérin car ___.
   a. il reconnaît son odeur
   b. il voit dans le noir
   c. il voit les gens invisibles
   d. il reconnaît sa voix

4) Selon Louis et Guérin, le monstre le plus effrayant est ___.
   a. Dracula
   b. le Loup-garou
   c. l'Homme Invisible
   d. Frankenstein

5) Quelle est l'obsession de Guérin ?
   a. faire peur aux gens
   b. Frankenstein
   c. dominer le monde
   d. la télévision

Chapitre 2 – Le défi

Bizarrement, Dracula arrivait toujours quelques minutes avant d'annoncer sa présence, ce qui **rendait** Guérin **fou**. Les vampires avaient beaucoup de pouvoirs magiques. Comme Dracula était le plus vieux des vampires, il savait faire beaucoup de choses. Mais il n'avait jamais dit à personne quels étaient ses réels pouvoirs car il aimait rester mystérieux.

— Je ne parlais pas de toi, Chef ! a dit Guérin, nerveux. En fait, c'est Louis qui a commencé en disant que la plupart des montres étaient stupides.

Dracula souriait dangereusement. Le rouge de ses lèvres était aussi foncé que son visage était pâle.

— Bien sûr que les monstres sont stupides…, a-t-il dit avant d'ajouter : mais nous sommes quand même plus intelligents que les humains. Tout le monde le sait !

L'Homme Invisible savait que la réponse de Dracula était une insulte. Les monstres le considéraient toujours comme un humain mais la plupart du temps, Guérin se sentait comme un monstre, même si au fond, il n'en était pas un. Comme les autres humains ne le voyaient pas, ça le rendait très différent des autres. Ils ne le considéraient pas comme un humain et c'était pour ça qu'il avait décidé de collaborer avec les monstres pour dominer le monde. Il ne restait plus qu'à trouver un moyen de les convaincre de l'aider.

— Prenez Mister Hyde. C'est quelqu'un d'intelligent, a dit le Loup-garou en mangeant du popcorn. Mais quelquefois je pense que le « monstre moyen » est un véritable idiot. Il faut bien admettre qu'on manque d'éducation, Dracula.

Mis à part Louis, personne n'**osait** parler à Dracula de cette façon. La plupart des autres monstres avaient peur du vieux vampire mais le vampire et le Loup-garou étaient de bons amis. Quelquefois, ils allaient chasser ensemble.

— Nous n'avons pas besoin de monstres intelligents, Loulou, a répondu Dracula. Loulou était le **surnom** que Dracula donnait à Louis. Nous sommes plusieurs à être intelligents : Mr Hyde, toi, moi... De fait, c'est probablement moi qui suis le plus intelligent.

— Oui, c'est toi, Chef, a dit l'Homme Invisible, en souriant. Il avait **levé le pouce** en signe de reconnaissance mais personne ne l'a vu.

Cependant, Louis avait beaucoup de force et il était très **audacieux**. Il **défaait** souvent le vieux vampire.

— Tu es sûr d'être le plus intelligent de nous tous ?

— Qui est plus intelligent que moi ? a demandé le vieux vampire, surpris. Donne-moi le nom d'un monstre plus intelligent que moi.

— Laisse-moi réfléchir..., a dit le Loup-garou, en mangeant du popcorn. Il **léchait** le sel sur ses longs doigts poilus. Ah, oui, le mec couvert de **bandes** !

— Quel mec couvert de bandes ? a demandé l'Homme Invisible.

— Mais si, tu sais, le mec tout bandé, a insisté Louis.

Dracula a rigolé et le sol a **tremblé**.

— Tu veux parler de la Momie ? Tu plaisantes, n'est-ce pas ? Ce mec est un véritable idiot !

Les yeux du Loup-garou avaient tourné au rouge.

— La Momie est peut-être stupide mais il n'a pas toujours été comme ça. Avant sa mort, il **régnait** sur l'Égypte. Quand il était en vie, c'était un humain très intelligent !

— C'est juste une rumeur, a dit Dracula. Tout le monde peut dire « je régnais sur l'Égypte ». De toute façon, il n'a jamais pu le prouver !

Louis **s'est gratté** le dos.

— Pourquoi est-ce qu'il mentirait ?

— Ce mec est un vrai **mythomane** ! a répondu Dracula, en secouant la tête. Le mois dernier, il nous a dit qu'il avait gagné une médaille d'or olympique de natation !

L'Homme Invisible a **toussé**.

— Je m'en souviens ! a-t-il dit en essayant de prendre du popcorn. Le Loup-garou l'a senti faire et lui a mis une **claque** sur la main.

— Ne touche pas à mon popcorn. Si tu en veux, tu n'as qu'à t'en faire !

Soudainement, la porte s'est ouverte et quelqu'un est entré dans la pièce. C'était **la Créature des Marais**.

— Si, c'est vrai, a dit la Créature des Marais.

La plupart des autres monstres avaient du mal à comprendre la Créature des Marais. Il ne parlait pas très bien car il avait une grande bouche comme celle d'un poisson et ça l'empêchait de parler distinctement.

Comme il n'aimait pas être hors de l'eau, les réunions le mettaient **de mauvaise humeur**. La plupart du temps, il vivait seul dans les eaux **sombres** des marais mais ce soir il était venu chez Dracula pour la réunion mensuelle des monstres.

— C'est vrai, a dit la Créature des Marais doucement. La Momie était un **pharaon** égyptien il y a des milliers d'années.

— Je n'y crois pas une seconde, a dit Dracula, en souriant. Mais ce n'est pas grave. Il n'était pas un monstre quand il était en vie. C'est ce qu'on disait : la Momie est devenue un monstre plus tard. Le pharaon est mort et il est revenu en momie.

— Comment est-ce qu'il a fait ? a demandé l'Homme Invisible. Moi aussi, je voudrais bien revenir à la vie.

— Je peux t'aider ! a dit Dracula, en s'approchant de lui.

— Attends ! Je ne veux pas revenir en vampire, a crié Guérin, pris de panique.

— Tu préfèrerais revenir en momie sans cerveau ? a demandé Dracula, surpris.

— Non, mais je ne veux pas boire de **sang**.

— Tu as déjà essayé ?

— Non, c'est dégoûtant !

Dracula a regardé Guérin méchamment.

— En fait, je suis sûr que ce n'est pas si mauvais, mais…, Guérin a continué, mais tu étais un humain avant, n'est-ce pas, Dracula ?

— Les vampires ont tous été des humains, a répondu Dracula calmement.

— Ils deviennent des vampires en **mourant** ? a demandé Guérin

— C'est un peu plus compliqué que ça, mais **en gros**, oui.

— Alors, techniquement, tu es comme la Momie.

En disant ça, Guérin savait qu'il avait fait une grosse erreur. Dracula a volé à l'autre bout de la pièce et l'a attrapé par son **cou** invisible.

— Ne me compare *jamais* à la Momie, a-t-il **hurlé**.

— Attends ! Arrête. Tu vas me tuer ? a demandé Guérin, paniqué

— J'y pense, a dit Dracula.

Il a haussé les épaules puis il a dit :

— Oui, probablement.

— Ne me transforme pas en vampire, a crié Guérin. Je veux rester humain.

— Pourquoi ? a demandé Louis, en recrachant du popcorn. Tu as toujours dit que tu voulais être un monstre. C'est **l'occasion** !

— Non, mais attends. Je veux rester humain, a crié Guérin. Je ne suis peut-être pas la personne la plus intelligente sur Terre…

— Tu es la plus stupide, l'a interrompu Dracula, en approchant ses dents pointues du visage de Guérin.

— … Mais même l'humain le plus stupide est plus intelligent que le monstre le plus intelligent, a continué Guérin.

Voilà. Il avait osé le dire ! Ça faisait longtemps que ça lui **trottait dans la tête**. Et maintenant, il attendait en silence de voir les réactions. Dracula était tellement en colère qu'il **a balancé** Guérin à l'autre bout de la pièce. Personne ne voyait vraiment ce qui se passait. On ne voyait que le short de l'Homme Invisible valser dans les airs. Puis, une fenêtre s'est cassée. Dracula avait balancé Guérin par la fenêtre et il était tombé dans un petit arbre dehors. Guérin s'est relevé. Il a regardé par la fenêtre et a crié :

— Ne vous inquiétez pas ! Je ne me suis pas fait mal !

Puis il a ajouté :

— Je te lance un défi, Dracula !

— Non, mais je rêve, a dit le Loup-garou, en regardant la Créature des Marais. Il ne faut jamais **chercher la bagarre** avec le Roi des vampires ! Jamais !

— Je vais te **démolir** ! a crié Dracula en s'approchant de Guérin.

— Non, pas de bagarre, a dit l'Homme Invisible, en passant par la fenêtre cassée. Tu dis que tu es le monstre le plus intelligent. Tu dis que je suis l'humain le plus stupide. Alors, voyons si le plus stupide des humains est plus malin que le plus intelligent des monstres. **Relève** mon **défi** !

Les autres monstres regardaient leur chef. Dracula n'avait pas vraiment le choix. Il devait relever le défi.

Révision du chapitre 2

Résumé

Les monstres ne sont toujours pas d'accord : qui des monstres ou des humains sont les plus intelligents ? Puis Guérin compare Dracula à la Momie, un autre monstre. Dracula trouve que la Momie est vraiment stupide alors il se met en colère et balance Guérin par la fenêtre. Guérin n'est pas blessé et se relève. Comme il ne veut pas se bagarrer avec Dracula, il lui lance un défi pour voir qui est le plus intelligent. Dracula relève le défi.

Vocabulaire

rendre (quelqu'un) fou to drive (someone) crazy
oser to dare
le surnom nickname
lever le pouce to give the thumbs up
audacieux bold
défier to challenge
lécher to lick
la bande bandage
trembler to shake
régner to rule
se gratter to scratch
mythomane (m/f) compulsive liar
tousser to cough
la claque slap
la Créature des Marais Swamp Creature
de mauvaise humeur bad-tempered
sombre dark, gloomy
le pharaon pharaoh
le sang blood

mourir to die

en gros basically

le cou neck

hurler to scream

l'occasion opportunity

trotter dans la tête to run through one's mind

balancer to throw

chercher la bagarre to be itching for a fight

démolir to crush, tear down

relever le défi to take up the challenge

Compréhension

Sélectionnez une seule réponse pour chaque question.

6) Louis peut dire ce qu'il veut à Dracula car il est ___.

　a. plus fort que lui

　b. ami avec lui

　c. plus vieux que lui

　d. plus intelligent que lui

7) La Momie régnait ___.

　a. en Virginie

　b. dans le marais

　c. en Égypte

　d. aux États-Unis

8) Guérin ne veut pas que Dracula le transforme en vampire car ___.

　a. il ne veut pas boire de sang

　b. il a peur de mourir

　c. il n'aime pas les vampires

　d. il pense qu'il va devenir stupide

9) Lequel de ces monstres n'aime pas la Momie ?

   a. La Créature des Marais

   b. Louis

   c. Guérin

   d. Dracula

10) Guérin défie Dracula car ___.

    a. il croit qu'il est plus intelligent que Dracula

    b. il croit qu'il est plus fort que Dracula

    c. il veut tuer Dracula

    d. il veut que Louis tue Dracula

Chapitre 3 – Les monstres aiment les pièges !

Guérin voulait devenir le chef des monstres pour **concrétiser** son plan de dominer le monde. Le défi qu'il venait de lancer à Dracula était l'occasion idéale ! S'il pouvait prouver qu'il était plus intelligent que Dracula, les monstres le **suivraient**.

Guérin allait expliquer les règles du défi pendant la réunion des monstres.

— Qui est le plus puissant de tous les monstres ? a-t-il commencé. Nous savons que c'est Dracula, notre chef ! a-t-il crié.

Les autres monstres se sont assis dans le salon et l'écoutaient. Frankenstein était finalement arrivé et quelques zombies étaient assis par terre comme des enfants. Il y avait aussi Mara, la méchante **sorcière** de l'Ouest, Mister Hyde, qui était venu spécialement d'Angleterre et la très vieille Momie. La Momie était trop **rigide** pour s'asseoir, alors il est resté debout dans un coin, loin, très loin de la cheminée.

— Alors, qui est le monstre le plus intelligent ? a continué l'Homme Invisible, sans attendre la réponse.

— C'est Dracula ! a dit Dracula, en regardant tout autour de lui, **les bras croisés**. Arrête de perdre ton temps. **Où veux-tu en venir**, Guérin ?

— Oui, c'est toi le plus intelligent, a admis Guérin. Dracula est le monstre le plus intelligent et le plus puissant. Et qu'est-ce qu'il a fait pour nous ?

Les autres monstres regardaient autour d'eux. Dracula ne disait rien.

— Personne ne veut répondre ? a demandé Guérin. Alors, je vais vous reposer la question. Si c'est le meilleur des chefs, est-ce que vous pouvez me dire ce qu'il a fait pour nous ? Eh bien, je vais vous le dire. Rien. Il n'a rien fait pour nous ! Après toutes ces années, nous continuons de nous cacher dans l'ombre. **Nous nous comportons** comme si nous avions peur des humains, quand, en fait, nous devrions les dominer !

— Euh... Nous avons notre propre chaîne de télévision, a dit La Créature des Marais. Les autres ont hoché la tête.

— Quelle horreur, cette chaîne ! a dit Guérin, en secouant la tête. Il n'y a que des **rediffusions** de vieilles émissions et des matchs de hockey. Rien de passionnant.

— Moi, j'aime bien le hockey, a dit Louis, en regardant les autres.

Plusieurs monstres hochaient la tête.

— Où veux-tu en venir ? a dit Dracula une nouvelle fois. Il était impatient d'en savoir plus sur le défi de Guérin.

— D'accord, a continué Guérin. Vous m'avez tous permis de faire partie de votre équipe de monstres. Même si je suis humain, vous m'avez laissé être un monstre. Je vous remercie.

L'Homme Invisible a fait une pause pour sourire, même si personne ne le voyait. Les monstres voyaient seulement son short **faire le va-et-vient** devant eux dans la pièce.

— Maintenant, à mon tour de vous aider, a-t-il continué. Vous êtes mes frères et sœurs et moi, je peux faire mieux que Dracula. Avant, il était humain, il y a de nombreuses années, mais il a oublié **la soif humaine**, l'ambition. Il est devenu paresseux.

Les monstres ont commencé à parler à voix basse. Les yeux de Dracula étaient rouges de colère et il se **mordait** les lèvres. Il voulait vraiment attraper Guérin mais il prenait son mal en patience. Il voulait d'abord comprendre le défi.

Guérin voyait que les autres monstres **s'impatientaient** alors il a annoncé :

— Je défie Dracula de montrer ses qualités de chef des monstres ! a-t-il dit à voix haute.

Un silence est tombé sur le salon. Il a continué :

— Voilà ce qu'il faut faire. Vous allez construire deux trappes. Ces deux trappes doivent être exactement les mêmes. Faites-les à l'identique, avec une seule sortie. Je ne saurai pas où est la sortie et Dracula non plus. Celui qui trouvera comment sortir de ces **pièges** sera le chef !

— C'est tout ? a demandé Louis. Ça parait assez simple.

Le Loup-garou regardait les autres monstres.

— Qu'est-ce que vous en pensez ? Vous êtes d'accord avec ce plan ?

Tout le monde aimait les pièges. Certains monstres savent très bien les fabriquer et ils aiment tous essayer d'en sortir.

Tous les monstres rigolaient et **grognaient**. Tous applaudissaient le plan de Guérin. Louis a secoué sa tête poilue et il s'est tourné vers son chef :

— Qu'en penses-tu, Dracula ?

— Je suis plus intelligent que cet idiot, a-t-il dit, en dirigeant son doigt crochu vers l'Homme Invisible. Je peux me sortir de n'importe quel piège en quelques secondes. Mais vous n'avez pas le droit d'utiliser de l'**ail** ou une **croix,** a-t-il dit. Les vampires ne peuvent rien faire contre ça alors ce serait injuste !

— Et pas de magie non plus, a ajouté Guérin. Les humains ne peuvent rien faire contre la magie.

Les monstres étaient d'accord.

— Alors, nous sommes d'accord, a dit Guérin. Vous, les sorcières, c'est vous qui construisez les meilleures trappes. Vous allez mettre combien de temps pour les construire ?

Mara, la Sorcière de l'Ouest, a réuni ses amies. Elles avaient fait le voyage jusqu'en Virginie sur leurs **balais**, mais il y avait eu des vents forts alors elles avaient les oreilles bouchées. Mara devait hausser la voix.

— Nous devons construire deux boîtes noires, leur a-t-elle crié. Personne ne doit pouvoir en sortir mais souvenez-vous… Pas de magie ! Et pas d'ail ni de croix, non plus. Mara a fait une pause puis elle a continué :

— Et il doit y avoir…, a-t-elle commencé mais soudainement deux autres sorcières sont arrivées. Elle est allée leur dire bonjour sans finir sa phrase. Les sorcières avaient apporté des **en-cas**. La réunion était finie et le défi avait été expliqué.

La semaine suivante, les sorcières ont construit deux boîtes noires en métal épais. Elles n'avaient ni porte ni ouverture et les sorcières n'avaient laissé qu'un petit **trou** dans chaque boîte. Le trou était assez grand pour que quelqu'un puisse entrer. Dès que Dracula et le docteur Guérin seraient dans leur boîte, les sorcières feraient **fondre** le métal avec des torches pour refermer le trou. Une fois le trou refermé, le défi commencerait.

Après avoir mis la touche finale à la deuxième boîte, Mara a appelé les autres monstres.

— Dites au comte Dracula que les trappes sont prêtes.

Dracula était impressionné quand il a vu les boîtes. Comme les sorcières avaient la réputation de travailler vite, elles avaient construit les trappes en moins d'une semaine.

— Très bon travail, les sorcières ! a-t-il dit avec un sourire effrayant alors qu'il se tenait près de sa boîte.

Les sorcières ont placé les trappes près du bord du marais qu'on appelait *le Marais ténébreux*. Les autres monstres se sont réunis autour des boîtes pour **assister** au défi. Comme c'était la **pleine lune**, la nuit était éclairée. Il fallait attendre : le défi n'allait commencer qu'à minuit.

— Où est Guérin ? a demandé Mr Hyde. Est-ce qu'il a eu peur et qu'il est parti ?

Louis reniflait l'air.

— Non, il est ici. Je sens ses vêtements qui **puent**.

Guérin, l'Homme Invisible, est sorti de sa **cachette**. Il portait des vêtements et son visage était couvert de bandes. Il avait aussi des lunettes noires alors tout le monde pouvait facilement le voir.

— Désolé, je suis en retard, a-t-il dit à voix basse.

Il s'est avancé vers les boîtes noires en fixant Dracula du regard.

— Il n'y a aucune raison d'attendre. Commençons le défi !

Guérin est entré dans la première boîte. Les autres regardaient attentivement Dracula. Dracula a haussé les épaules et il est entré dans la deuxième boîte.

— Fermez les boîtes, a dit Louis.

Les sorcières ont utilisé leurs torches pour refermer les trous. Quand les trous étaient refermés, le Loup-garou a secoué la tête.

— Maintenant, Créature des Marais, pousse les boîtes dans le marais.

— Je ne savais pas que ça faisait partie du plan, a dit Mr Hyde.

Louis l'a regardé en souriant.

— Ça en fait partie maintenant ! Il n'y pas de trous dans les boîtes, n'est-ce pas ? Allez, Créature des Marais, pousse les boîtes dans l'eau !

Comme la Créature des Marais était extrêmement forte, elle n'a eu aucun problème à pousser les deux lourdes boîtes dans l'eau. Elles **ont coulé** au fond du marais mais on n'a vu aucune bulle **remonter** à la surface car il n'y avait pas de trous.

— Et maintenant ? a demandé Mr Hyde

— On attend, a dit Louis en sortant un en-cas de sa poche.

Les monstres ont attendu *longtemps* ! Ils ont attendu toute la nuit mais ni Dracula ni Guérin n'est sorti.

— Qu'est-ce qu'on fait maintenant ? a demandé Mara.

Le soleil commençait à se lever.

— Je pense qu'on peut faire la fête, a dit une voix venant des bois. Nous avons notre **gagnant** !

Quelque chose a sauté d'un arbre. C'était Guérin ! Il avait un **drap** blanc sur la tête.

— Coucou ! a-t-il dit.

Les autres monstres ont **sursauté** en poussant un cri. Louis souriait…

— Alors, comment **t**'es-tu **échappé** ? a-t-il demandé

— Je ne me suis pas échappé. Je n'étais tout simplement pas dans la boîte, a expliqué Guérin

— Quoi ? Mais qui est dans la boîte, alors ? a demandé Mr Hyde

— Cet idiot de Momie ! a dit Guérin, en rigolant. Je l'**ai piégé** ! Je l'ai habillé comme moi et je lui ai mis un **haut-parleur** dans la poche.

Guérin avait un tout petit microphone dans la main.

— En réalité, c'est ma voix que vous avez entendue. Je m'étais caché dans les arbres.

Il s'est mis de nouveau à rigoler. Louis a rigolé aussi et il a donné une tape dans le dos de Guérin.

— Très amusant, Guérin ! Mais Dracula va être très en colère quand il va sortir !

Les sorcières se sont regardées.

— Qu'est-ce que tu veux dire « quand il va sortir » ? Les boîtes sont fermées. On ne peut pas en sortir !

Mara s'est tapé le **front** !

— Oh, non ! J'ai oublié de dire aux sorcières de faire une sortie !

Louis **a écarquillé** les yeux !

— Mais, vous étiez censées faire une sortie ! Oh, non, je n'en crois pas mes oreilles ! Vous les sorcières ! Quelles idiotes !

— Tu vois, je t'avais bien dit que les monstres sont plus stupides que les humains, a dit Guérin, en rigolant de nouveau.

— Alors, tu as raison ! a dit Louis, en regardant les autres monstres. Nous avons un gagnant ! **Saluez**, s'il vous plaît, notre nouveau chef, le docteur Guérin, alias l'Homme Invisible !

Louis s'est alors tourné vers Guérin et lui a dit à voix basse :

— Je **m'étais trompé** sur toi. Tu es vraiment un monstre. Et de la pire **espèce** !

— Oui, l'espèce humaine ! a dit Guérin, en rigolant. Puis il s'est tourné vers le groupe.

— Et maintenant, réfléchissons à ce que nous allons faire pour dominer le monde !

Révision du chapitre 3

Résumé

Guérin explique son défi aux monstres et il demande aux sorcières de construire deux trappes. Guérin ira dans un piège et Dracula dans l'autre. Le premier qui s'échappera sera le nouveau chef des monstres. La Créature des Marais pousse les boîtes dans l'eau du marais et tout le monde attend avec impatience que les monstres sortent des boîtes. Quand le jour se lève, Guérin saute de l'arbre où il s'était caché. Il explique qu'il a piégé la Momie et que c'est la Momie qui se trouve dans la boîte. Il annonce qu'il est le gagnant du défi. Comme les sorcières n'ont pas construit de sortie dans les boîtes, la Momie et Dracula ne pourront jamais en sortir. Guérin gagne le défi et il devient le nouveau chef des monstres.

Vocabulaire

concrétiser to realise

suivre to follow

la sorcière witch

rigide stiff

les bras croisés arms folded

Où veux-tu en venir ? What is your point?

se comporter to behave, to act

la rediffusion rerun

faire le va-et-vient to go back and forth

la soif humaine human greed

mordre to bite

s'impatienter to become impatient

le piège trap

grogner to grunt

l'ail (m) garlic

la croix cross

le balai broom

un en-cas snack

le trou hole

fondre to melt

assister to attend

la pleine lune full moon

puer to stink

la cachette hiding place

couler to sink

remonter to go back up

le gagnant winner

le drap bed sheet

sursauter to be startled

s'échapper to escape

piéger to trick

le haut-parleur speaker

le front forehead

écarquiller to open wide

saluer to greet

se tromper to be wrong

une espèce kind, type

Compréhension

Sélectionnez une seule réponse pour chaque question.

11) Guérin organise le défi car il ___.

    a. est énervé que Dracula l'ait jeté par la fenêtre

    b. veut prouver qu'il est plus intelligent que Dracula

    c. veut montrer aux monstres qu'il est plus fort que Dracula

    d. a peur de Dracula

12) Quand Guérin explique son défi, les monstres aiment l'idée car ils ___.
   a. pensent qu'il va mourir
   b. pensent que Dracula va mourir
   c. aiment les pièges
   d. aiment les marais

13) Dracula accepte de défi à condition que les sorcières n'utilisent pas ___.
   a. d'ail et de trèfles
   b. de croix et de craie
   c. d'ail et de l'eau du marais
   d. de croix et d'ail

14) Trouvez les expressions dans l'histoire. Laquelle a un sens positif ?
   a. faire peur
   b. de mauvaise humeur
   c. chercher la bagarre
   d. lever le pouce

15) Comment est-ce que Dracula et la Momie vont s'échapper des boîtes ?
   a. Ils ne pourront pas s'échapper.
   b. Ils vont attendre que le jour se lève.
   c. Ils vont utiliser un haut-parleur.
   d. Ils vont faire fondre les portes.

Answer Key

Un rêve de feu: *Chapitre 1:* 1. b, 2. c, 3. a, 4. a, 5. c ; *Chapitre 2:* 6. c, 7. d, 8. a, 9. b, 10. c ; *Chapitre 3:* 11. d, 12. a, 13. b, 14. b, 15. a

La persévérance finit par payer: *Chapitre 1:* 1. c, 2. a, 3. b, 4. b, 5. c ; *Chapitre 2:* 6. c, 7. d, 8. c, 9. d, 10. d ; *Chapitre 3:* 11. c, 12. a, 13. a, 14. d, 15. c

Une ville horrible: *Chapitre 1:* 1. b, 2. d, 3. a, 4. a, 5. b ; *Chapitre 2:* 6. a, 7. c, 8. d, 9. c, 10. b ; *Chapitre 3:* 11. a, 12. a, 13. d 14. a, 15. c

Mon ami le super-ordinateur: *Chapitre 1:* 1. d, 2. b, 3. a, 4. c, 5. d ; *Chapitre 2:* 6. d, 7. a, 8. d, 9. c, 10. d ; *Chapitre 3:* 11. a, 12. b, 13. a, 14. d, 15. a

Mathieu Mallard et la recette secrète du soda: *Chapitre 1:* 1. d, 2. c, 3. d, 4. a, 5. d ; *Chapitre 2:* 6. a, 7. d, 8. a, 9. a, 10. c ; *Chapitre 3:* 11. d, 12. d, 13. a, 14. c, 15. b

La ville de Skull Tooth: *Chapitre 1:* 1. a, 2. c, 3. a, 4. b, 5. b ; *Chapitre 2:* 6. d, 7. c, 8. a, 9. b, 10. c ; *Chapitre 3:* 11. a, 12. d, 13. c, 14. b, 15. d

Petits copains et petites copines: *Chapitre 1:* 1. b, 2. d, 3. c, 4. c, 5. d ; *Chapitre 2:* 6. b, 7. a, 8. d, 9. b, 10. d ; *Chapitre 3:* 11. d, 12. c, 13. b, 14. d, 15. b

Le défi des monstres: *Chapitre 1:* 1. c, 2. c, 3. a, 4. d, 5. c ; *Chapitre 2:* 6. b, 7. c, 8. a, 9. d, 10. a ; *Chapitre 3:* 11. b, 12. c, 13. d, 14. d, 15. a

French–English Glossary

A

à la mode trendy

à mes trousses on my tail

À quoi bon ? What is the point?

abîmer to damage

accusations (f) mensongères false accusations

acquiescer to nod

affrontement (m) confrontation

affronter to fight

agent de police (m/f) police officer

agir to act

ail (m) garlic

allée (f) driveway

aller à dos d'âne to ride a donkey

alliance (f) wedding ring

allongé lying down

amende (f) fine, ticket

amuser la galerie to entertain people

ancient former

appartenir to belong

applaudir to clap, to cheer

arbalète (f) crossbow

arme (f) weapon

arriver à suivre to keep up

assassin (m) murderer

assister to attend

atteindre to reach

attrayant appealing

Au secours ! Help!

audacieux bold

avec beaucoup d'assurance very confidently

avec compassion sympathetically

avoir ...

  affaire à to be faced with

  de la peine to be sad

  des ennuis to get in trouble

  du mal to find it difficult

  intérêt à to have better

  la gorge sèche to be parched

  le cœur serré to feel one's heart sink

  le sourire aux lèvres to smile

  quelqu'un (colloquial) to trick someone

  soif to be thirsty

B

bailler to yawn
balai (m) broom
balancer to throw
bande (f) bandage
barbier (m) barber
basculer to tip over
battre à cent à l'heure to
 beat fast
beignet (m) doughnut
bel et bien well and truly
belle somme (f) d'argent a
 tidy sum
béton concrete
bidon fake, phoney
bizarre weird
blaguer to joke
bleuir to turn blue
bloc-notes (m) notepad
boîte de nuit (f) nightclub
boîte vocale (f) voicemail
boiter to limp
boîtier à incendie (m) fire
 box
bon à rien (m) loser
bouche-bée gobsmacked
bouffée (f) breath
bourdonner to hum
broussailleux (m) bushy

C

C'est la meilleure !
 (colloquial) That takes the
 cake!

C'est pas pareil.
 (colloquial) It's not the
 same.
Ça ne me dit pas trop. I am
 not too keen.
Ça ne vous dit pas de …
 You're not tempted to…
Ça suffit. That's enough.
cabinet médical (m) clinic
cachette (f) hiding place
cage d'escalier (f) stairwell
casser to break up (a
 relationship)
cauchemar (m) nightmare
causer to gossip
célibataire (m/f) single
chaîne (f) channel
chambre d'hôte (f) bed and
 breakfast
changer …
 d'avis to change one's mind
 d'idée to change one's
 mind
chantier (m) building site
chariot (m) cart, trolley
chasser to hunt
**chasser (quelqu'un) hors
 de** to force (someone) out
chercher la bagarre to be
 itching for a fight
chevalier (m) knight
cheville (f) ankle
chiffon (m) cleaning cloth
chirurgicalement surgically

chuchoter to whisper

cicatrice (f) scar

citoyen (m) citizen

claque (f) slap

claquer des doigts to snap one's fingers

classique ! typical!

cligner des yeux to blink

coincé stuck, trapped

colocataire (m/f) roommate

Comment se fait-il que... ? How come...?

comptoir (m) counter

concours (m) competition, contest

concrétiser to realise

conduire (quelque chose) à sa perte to drive (something) into the ground

conseil (le) a piece of advice

contourner to walk around/ to avoid

co-rédacteur/co-rédactrice assistant editor

corriger quelqu'un to thrash somebody

cou (m) neck

couler to sink, to run down (a business)

coupable guilty

coûter une fortune to be worth a fortune

cracher to spit

crâne (m) skull

Créature des Marais (f) Swamp Creature

creuser to dig

crochu clawed, hooked

croix (f) cross

cuir (m) leather

cuve (f) vat

D

de la part on the part of

de longue date old, long-time

de mauvaise humeur bad-tempered

débordé snowed under

déchiré ripped

déchirer to tear

décidément really

déclaration d'impôts (f) tax declaration

défier to challenge

dégager to get something out

demander en mariage to propose (marriage), to ask someone to marry you

demeure (f) mansion

démolir to crush, tear down

dénicher to dig out

des masses (colloquial) heaps

des paroles en l'air (f/pl) idle talk

descendre quelqu'un to shoot someone down

désespérément frantically

détourner le regard to look away.

devinette (f) guessing game

dévisager to stare at someone

digicode (m) electronic keypad

dingue (slang) crazy

dirigeant (m) company director

disparaître to vanish, to disappear

don (m) a gift, a special ability to do something

donner ...

  sa parole to give one's word

  un coup de coude to nudge

  un coup de pied sous la table to kick under the table

dossier médical (m) medical file

draguer to flirt

drap (m) a bed sheet

Du balai ! (colloquial) Shoo!

du coin local

dur à cuire (m) (colloquial) tough guy

E

écarquiller to open wide

éclater de rire to burst out laughing

écran (m) monitor

écran vidéo (m) video monitor

écraser to crush

effrayant scary

embouteillage (m) traffic jam

empoisonné poisoned

en ...

  brosse spiky

  cavale on the run

  chair et en os genuine, in the flesh

  fuite on the run

  gros basically

  liberté free to roam

  sueur in a sweat

  toute sécurité safely

  un rien de temps in no time at all

en avoir ...

  assez to have had enough

  le cœur net to make certain about something

  pour tous les goûts to include something for everybody

en-cas (m) snack

enquête (f) investigation

enquêter to investigate

enregistrer to record

entouré surrounded

entretien (m) d'embauche job interview

épée (f) sword
épouser to marry
espace clôturé (m) fenced area
espèce (f) kind, type
éternuer to sneeze
être ...
  allongé to be lying
  au courant to be aware; in the know
  censé to be meant to
  d'humeur à ... to be in a mood to
  du coin (colloquial) to be local
  originaire de to come from
  prudent to be careful, to take care
  sur le point de ... to be about to
  une perle rare to be a catch
exiger to demand
expérience (f) experiment

F
fabriquer to make, to produce
fac (f) uni(versity)
faire ...
  attention to be careful
  confiance to trust
  demi-tour to turn round

la bise to kiss on the cheek
la grimace to pull a face
la loi to lay down the law
le grand écart to do the split
le va-et-vient to go back and forth
marcher ses contacts to use one's connections
marcher to run (something)
peur to scare
profil bas to lie low
semblant to pretend
un clin d'œil to wink
un croche-pied to trip someone up
fermé à clé locked
fiable dependable
ficher le camp (colloquial) to get lost, go away
fichu finished, done
fier proud
file d'attente (f) queue
finement moulu finely ground
finir par to end up
fiston (colloquial) son
flipper to freak out
fondre to melt
fouiner to sneak
foule (f) crowd
fracas (m) racket
frapper à ... to knock on
frapper du poing to bang

froncer les sourcils to frown

front (m) forehead

fusil (m) rifle

fusionner to merge

G

gagnant (m) winner

gamin (m) kid

gazéifier to carbonate

gémir to groan

glissant slippery

gorgée (f) sip

grand-chose not a lot

graphique (m) chart

gratter to scrape

grippe (f) flu

grogner to grunt

grommeler to grumble

grondement (m) roaring
  sound

gronder to tell someone off

H

hache (f) axe

haleter to pant

hanche (f) hip

hausser les épaules to shrug
  (one's shoulders)

haut de gamme top of the
  range

haut-parleur (m)
  loudspeaker

heure de pointe (f) rush hour

hocher la tête to nod

hors-la-loi (m) outlaw

hourra (m) a cheer

huer to boo

hurler à la mort to howl to
  death

hurler to scream

I

idée noire (f) dark thought

Il a failli tomber. He nearly
  fell.

il faut bien admettre you
  have to admit

Il faut suivre ! Keep up!

**Il n'y a pas de quoi en faire
  une montagne !** It's not a
  big deal!

il y a de fortes chances it is
  very likely

**Il y a quelque chose qui
  cloche. (colloquial)**
  Something is off.

Il y avait foule. It was
  crowded

incendie (m) fire

incessant constant

inquiet worried

interrogatoire (m) police
  interview

interrompre to disturb

investisseur (m) investor

irrité irked

J

j'y tiens I insist

Je ne peux pas dire le contraire. I can't argue with you.

je te jure I swear

jeter un coup d'œil à quelqu'un to glance over at somebody

jeter un œil to cast a glance

jouer aux devinettes to play guessing games

jurer to swear

L

lâche (m/f) coward

laisser tomber to drop a subject, to give up, to let somebody down

langue maternelle (f) mother tongue

le bon (colloquial) the one

lécher to lick

les bras croisés arms folded

les secours (m) emergency services

lever le pouce to give the thumbs-up

lever les bras au ciel to throw one's arms up in despair

lever les yeux au ciel to roll one's eyes

loi (f) law

loup-garou (m) werewolf

M

majordome (m) butler

mal à l'aise uneasy

malin cunning, shrewd

manier to handle

manque (m) de respect lack of respect

marché (m) aux esclaves (m) slave market

marcher à quatre pattes to crawl, to walk on all fours

marcher sur la pointe des pieds to tiptoe

masse à pointes (f) spiked mace

mater to check out

maudit blasted

mec (m) bloke, guy

menacer to threaten

mensonge (m) lie

mensuel monthly

menteur (m) liar

mentir to lie

mériter to deserve

mettre …

    la main sur quelqu'un to find, to locate someone

    une tête à prix to put a price on someone's head

un coup de poing to punch

micro-ondes (m) microwave oven

Mince alors ! (colloquial) Gosh!

molette (f) knob

montrer le chemin to lead the way

mordre to bite

mourir to die

murmurer to whisper

mythomane (m/f) compulsive liar

N

nature plain

ne pas avoir la moindre idée to not have the slightest clue

ne pas en croire ses oreilles to not believe (one's) ear

ne pas en finir to be endless

ne pas en revenir in disbelief

ne pas pouvoir s'empêcher de ... can't help doing something

ne pas supporter can't stand

ne plus avoir beaucoup de temps to run out of time

nul (m) numbskull

numérique digital

O

occasion (f) opportunity

ombre (f) shade

omettre to omit

oreillette (f) earpiece

oser to dare

Où veux-tu en venir ? What is your point?

ouverture (f) opening

P

palpitant exciting

parier to bet; to gamble

parler affaires to talk business

pas âme qui vive not a living soul

passant (m) passer-by

passer à quelque chose d'autre to move on

passer inaperçu to go unnoticed

peigne (m) comb

perdre l'équilibre to lose one's balance

persévérance (f) persistence

pharaon (m) pharaoh

piège (m) trap

piéger to trick

pierre précieuse (f) gemstone

piller to plunder (tombs)

pire worse

placard (m) cupboard

placer un mot to put a word in

plaider la cause de quelqu'un to put in a good word (for someone)

plaisanter to joke

planqué (colloquial) hidden

plaque d'immatriculation (f) licence plate number

pleine lune (f) full moon

poignée de porte (f) door knob

poils (m) body hair

poilu hairy

poing (m) fist

pointu sharp

poitrine (f) breast

pompier (m/f) firefighter

porté disparu reported missing

portière (f) car door

poteau (m) post

potin (m) gossip item

poudre (f) powder

pourboire (m) tip

pourchasser to chase

poursuivre en justice to sue

poussière (f) dust

prédire to predict

prendre ...
  au piège to trap
  dans ses bras to hug
  les choses en main to take control of a situation

parti pour to take (someone's) side

ses grands airs to get on one's high horse

son courage à deux mains to pluck up the courage

pressé in a hurry

pressentiment (m) premonition

pris au piège trapped

professeur particulier (m) tutor

province (f) administrative region, like a county

prudemment carefully

pub (f) commercials, adverts

puer to stink

Q

Qu'est-ce qui m'a pris ? What came over me, what possessed me?

Qui ne tente rien, n'a rien ! Nothing ventured, nothing gained!

Quoi de neuf ? What's up?

R

rabat-joie (m/f) killjoy

raccrocher to hang up the phone

raffoler to be crazy about something

ramper to crawl

rapporter to bring back

rater to fail

rattrapage (m) resit

rattraper to catch up

recettes publicitaires (f/pl) advertising revenue

recherché wanted

récompense (f) reward

recracher to spit out

rediffusion (f) rerun

refouler to turn back

regarder ...

   d'un mauvais oeil to give a dirty look

   quelqu'un de haut en bas to look somebody up and down, to size up someone

régner to rule

relever le défi to take up the challenge

remonter to go back up

rendre (quelqu'un) fou to drive (someone) crazy

renifler to smell, to sniff

résoudre to solve

responsable manager

ressentir to feel (an emotion)

rester en sécurité to stay safe

retenir to hold back

retentir to blare; to ring out

retirer to remove

richard (slang) loaded

ridé wrinkly

rigide stiff

rire aux éclats to laugh out loud

rocade (f) bypass

rondouillet chubby

roter to burp

rougeoyer to glow bright red

S

s'écarter to step away

s'échapper to escape

s'éclater to let loose, to have a great time

s'effondrer to collapse

s'emballer to get excited

s'embrouiller to fall out

s'emparer to take hold of

s'emporter to flare up

s'en faire to worry

s'en vouloir to feel bad about something

s'enfuir to flee

(bien) s'entendre to get on (well) with someone

s'impatienter to become impatient

s'introduire to break into; to get into

s'occuper de to look after

saigner to bleed

sain et sauf safe and sound

saluer to greet

sang (m) blood

Sans blague ! You're joking!

Sans blague ? Seriously?

sans foi ni loi lawless

sauter de joie to leap for joy

sauver la mise to save the situation

Sauve-toi ! Run away!

savourer to enjoy

scruter to search

sculpté carved

se boucher les oreilles to block one's ears

se briser to shatter

se comporter to behave, to act

se débarrasser to get rid of

se dépêcher to hurry up

se déverser to pour onto

se disputer to argue

se faire...

  avoir (colloquial) to be tricked

  de l'argent to make money

  du souci to worry

  un nom to make a name for oneself

se faufiler to squeeze through

se ficher to not care

se gratter to scratch

se lasser to get bored

se mêler to interfere

se mettre...

  à la poursuite to chase, to run after

  à quatre pattes to go on all fours

  sur son trente-et-un to dress in formal attire

se plaindre to complain

se précipiter to rush

se relever to go back up

se remettre ensemble to get back together (e.g. a couple)

se rendre compte to realise

se risquer to take a chance

se sentir à l'aise to feel comfortable

se sentir à sa place to feel at ease

se servir de (quelqu'un) to use (someone)

se sortir de to get out of

se taire to fall silent; to hush up

se tromper to be wrong

se venger to get even

se verrouiller to lock

sec (m) wiry

secouer la tête to shake one's head

sens de l'odorat (m) sense of smell

sensible sensitive

sept jours sur sept seven days a week

serrer la main to shake hands

serrure (f) lock

serrure de sécurité (f) security lock

siège (m) company headquarters

silhouette (f) figure

soi-disant so called

soif humaine (f) human greed

soigner son apparence to care about one's looks

sombre dark, gloomy

sono (f) sound system

sorcière (f) witch

sortir avec quelqu'un to date someone

sortir de l'ordinaire to stand out, out of the ordinary

sortir en trombe to race out

souffle (m) breathing

souffrance (f) suffering

soulagement (m) relief

soupirer to sigh

sournois sly

soutenir to argue

suivre des cours to take courses

suivre to follow

supplier to beg

supporter to handle, to withstand

sur la côte on the coast

sur la défensive defensively

sur-le-champ right away, on the spot

surnom (m) nickname

surprendre to catch out

sursauter to be startled

surveiller to supervise

susceptible sensitive

T

tabouret (m) bar stool

tant pis too bad

tapis roulant (m) conveyor belt

tas (m) stack

tatouage (m) tattoo

téléchargement (m) des données data download

texto (m) text message

tirer to shoot

tirer profit de to make the most of

tirer sur to shoot at

toi d'abord you go first

toit (m) roof

toucher une corde sensible to hit a nerve

tousser to cough

tout à l'heure earlier

tout d'un coup all of a sudden

traverser to cross

trébucher to stumble; to trip

trembler to shake; to shiver

trempé soaked

tremper to dip in

tromper to cheat

trotter dans la tête to run through one's mind

trou (m) hole

Tu peux y arriver. You can do it.

Tu plaisantes ! (colloquial) You must be joking!

tuyau (m) pipe

U

Un point c'est tout ! (colloquial) That's it, full stop!

un temps fou (colloquial) a very long time

usine (f) factory

V

vacarme (m) loud noise

veille (f) the day/night before

velours rouge (m) red velvet

versant (m) side of a hill

vêtu dressed

vibrer to buzz

videur (m) bouncer

vieux jeu old school, conservative

viser to aim

visser to screw

Y

y compris including

Acknowledgements

If my strength is in the ideas, my weakness is in the execution. I owe a huge debt of gratitude to the many people who have helped me take these books past the finish line.

Firstly, I'm grateful to Aitor, Matt, Connie, Angela and Maria for their contributions to the books in their original incarnation. To Richard and Alex for their support in expanding the series into new languages.

Secondly, to the thousands of supporters of my website and podcast, *I Will Teach You a Language*, who have not only purchased books but who have also provided helpful feedback and inspired me to continue.

More recently, to Sarah, the Publishing Director for the *Teach Yourself* series, for her vision for this collaboration and unwavering positivity in bringing the project to fruition.

To Rebecca, almost certainly the best editor in the world, for bringing a staggering level of expertise and good humour to the project, and to Nicola, for her work in coordinating publication behind the scenes.

My thanks to James, Dave and Sarah for helping *I Will Teach You a Language* continue to grow, even when my attention has been elsewhere.

To my parents, for an education that equipped me for such an endeavour.

Lastly, to JJ and EJ. This is for you.

Olly Richards